É HORA DE SE DIVERTIR DE MONTÃO COM AS BONECAS MAIS INCRÍVEIS DO MUNDO!

AS BONECAS DO **SPIRIT CLUB** CHEGARAM PARA ARRASAR. QUAL É A SUA PREFERIDA?

QUANTOS CONES APARECEM NO EMARANHADO? CONTE E ESCREVA A RESPOSTA NO ESPAÇO INDICADO.

RESPOSTA

RESPOSTA NA PÁGINA 286

TEACHER'S PET POSOU PARA UMA FOTO COM TEACHER'S HOOT E LIL TEACHER'S PET. ENCONTRE 5 DIFERENÇAS ENTRE AS DUAS POSES.

RESPOSTA NA PÁGINA 286

CHEER CAPTAIN E LIL CHEER CAPTAIN QUEREM SABER: QUAL DAS SOMBRAS CORRESPONDE À FIGURA EM DESTAQUE?

A

B

C

RESPOSTA NA PÁGINA 286

LEVE TEACHER'S PET ATÉ TEACHER'S HOOT, SEGUINDO OS NUMERAIS DE 1 A 20.

SIGA O TRAÇADO DO QUADRO A NO QUADRO B PARA DESCOBRIR UMA QUALIDADE DA MAJORETTE.

A

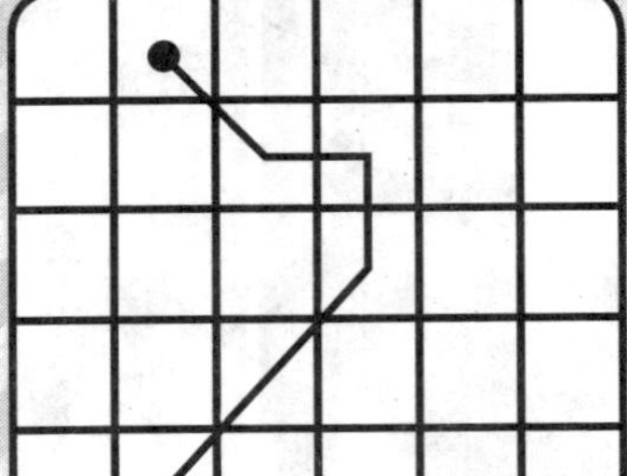

B

B	L	Ç	G	D	F
F	T	I	D	T	L
R	U	A	E	B	K
T	O	R	A	V	I
N	A	A	M	N	U
N	Ç	I	J	A	Q
N	A	K	L	K	T

 RESPOSTAS NA PÁGINA 286

SPIRIT CLUB

ENCONTRE NO CAÇA-PALAVRAS OS NOMES EM DESTAQUE.

Y	T	E	R	B	G	H	I	L	Ç	C	A	S	C
C	L	K	V	R	H	O	P	T	J	H	G	C	H
C	H	E	E	R	C	A	P	T	A	I	N	A	E
O	Q	G	L	M	K	T	C	A	V	S	D	N	E
T	E	A	C	H	E	R	S	H	O	O	T	D	R
V	G	D	F	W	F	E	F	Q	G	T	A	O	R
			G	D	S	W	G	W	T	Y	Z	K	A
				D	F	R	B	I	H	A	X	I	R
				J	K	F	A	O	J	O	C	T	A
			Ç	L	F	D	V	L	N	O	V	T	E
T	J	Ç	G	D	F	R	R	K	M	T	B	Y	R
L	I	L	M	A	J	O	R	E	T	T	E	U	T

- CHEER-RARA
- LIL MAJORETTE
- CHEER CAPTAIN
- TEACHER'S HOOT

RESPOSTA NA PÁGINA 286

COMPLETE O DESENHO DA CHEER-RARA AO LADO.

AJUDE **CHEER CAPTAIN** A ENCONTRAR A PALAVRA ESCONDIDA DENTRO DE **CLUB** E COMPLETE A FRASE.

CLTOURBCCILUDAB

CHEER CAPTAIN ESTÁ PRONTA PARA ANIMAR A ________________.

RESPOSTA NA PÁGINA 286

CAPRICHE NA PINTURA DESTE INCRÍVEL GRUPO DE AMIGAS!

TEACHER'S PET NUNCA PARA DE APRENDER E TEM MAIS DESAFIOS PARA VOCÊ! MAS, ANTES, ELA PRECISA DE LINDAS CORES.

QUEM DISSE QUE IR À ESCOLA É CHATO? NÃO COM ESTAS AMIGAS! PARA SABER QUAL É A MATÉRIA FAVORITA DELAS, ENCONTRE A SAÍDA CERTA DO LABIRINTO.

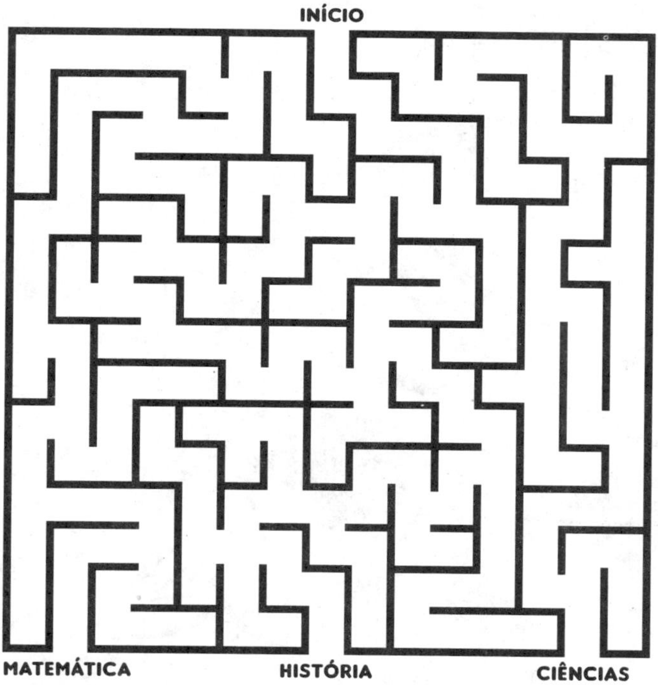

SHUTTERSTOCK

SERÁ QUE O TIME DE L.O.L. SURPRISE! VAI VENCER? FAÇA AS CONTINHAS E, EM SEGUIDA, ANOTE OS RESULTADOS NO PLACAR. A EQUIPE QUE TIVER MAIS PONTOS FOI A VENCEDORA!

DICA: FIQUE ATENTA À ORDEM CERTA DAS OPERAÇÕES!

EQUIPE L.O.L. SURPRISE!

$$20 \times 2 - 8 \times 3 + 4$$

EQUIPE ADVERSÁRIA

$$18 - 5 \times 2 + 7$$

RESPOSTAS NA PÁGINA 286

UMA COISA É CERTA: **MAJORETTE** É A RAINHA DA BANDA MARCIAL! COM UM RITMO INCRÍVEL, ELA EMBALA SUAS AMIGAS.

CHEER CAPTAIN DEIXA TODOS ANIMADOS NA TORCIDA. QUAIS CORES VOCÊ VAI DAR AO UNIFORME DELA?

ATHLETIC CLUB

AS BONECAS DO **ATHLETIC CLUB** CHEGARAM PARA UM DIA CHEIO DE ADRENALINA AO SEU LADO! COMECE PINTANDO A **TOUCHDOWN.**

CONTE E RESPONDA: QUANTAS MEDALHAS APARECERAM ABAIXO?

RESPOSTA

RESPOSTA NA PÁGINA 286

ENCONTRE E MARQUE A ÚNICA SOMBRA DIFERENTE DA LIL TOUCHDOWN.

A

B

C

SUBSTITUA OS NUMERAIS PELAS LETRAS E COMPLETE A FRASE:

TOUCHDOWN É UMA INCRÍVEL JOGADORA DE FUTEBOL ______________ .

A	O	M	I	E	N	R	C
1	2	3	4	5	6	7	8

__ __ __ __ __ __ __ __ __

1 3 5 7 4 8 1 6 2

ATHLETIC CLUB

HOOPS MVP PRECISA SABER DE QUANTOS PONTOS SEU TIME PRECISA PARA VIRAR O JOGO. SOME TODOS OS NÚMEROS AO REDOR DELA PARA DESCOBRIR.

6 5 8 2

4 7 2 4 5 2

9 1

3 1

TOTAL

AJUDE A **DRAG RACER** A COMPLETAR O NOME DE CADA ATLETA, ESCREVENDO A LETRA INICIAL CORRESPONDENTE.

T

S S C

___URFER BABE

___OUCHDOWN

___PRINTS

___OURT CHAMP

RESPOSTAS NA PÁGINA 286

QUAL É O NOME DESTA PET? DESVENDE O ENIGMA ABAIXO, LIGANDO UMA LETRA À OUTRA, SEM REPETI-LAS.

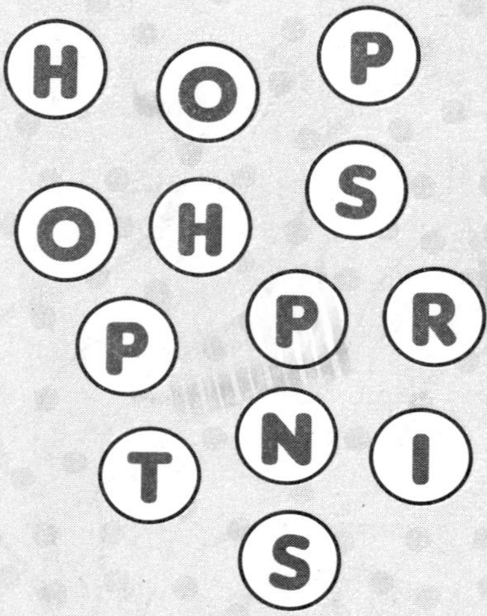

SPRINTS ESTÁ PRONTA PARA MAIS UMA PARTIDA EMOCIONANTE. ELA MERECE AS CORES DE UMA VENCEDORA!

RESPOSTA NA PÁGINA 286

ISSO AÍ! **SURFER BABE** ARRASOU E É A FAVORITA PARA GANHAR O CAMPEONATO. VAMOS COLORI-LA!

ATHLETIC CLUB

SE SUA PRAIA É O SURFE, ESTA BONECA É A SUA CARA! AJUDE-A A ORGANIZAR AS PRANCHAS DE SURFE, PINTANDO CADA UMA DE ACORDO COM OS RESULTADOS DAS CONTINHAS.

12 = AZUL 4 = AMARELO 11 = VERMELHO 3 = VERDE

$$\begin{array}{r} 9 \\ +\,3 \\ \hline \square \end{array}$$

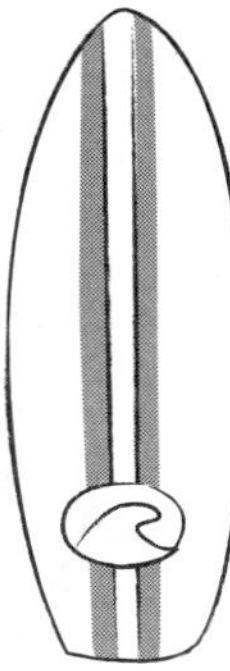

$$\begin{array}{r} 10 \\ -\,6 \\ \hline \square \end{array}$$

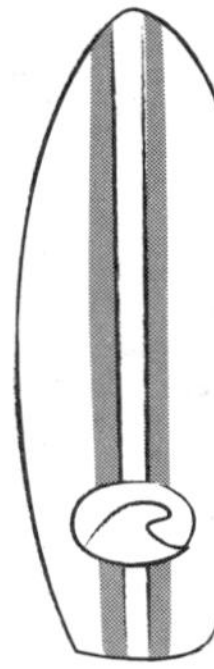

$$\begin{array}{r} 7 \\ -\,4 \\ \hline \square \end{array}$$

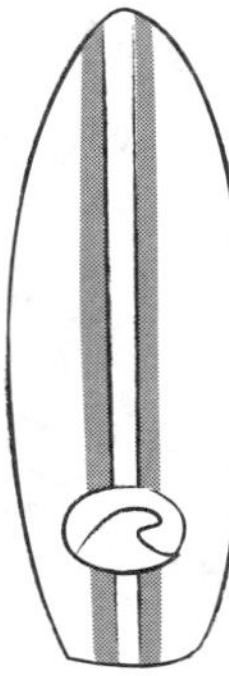

$$\begin{array}{r} 6 \\ \times\,2 \\ \hline \square \end{array}$$

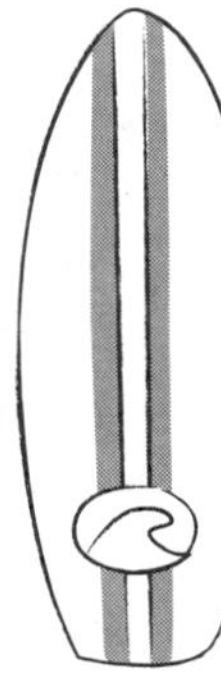

$$9 \,\underline{|\,3}$$

$$\square$$

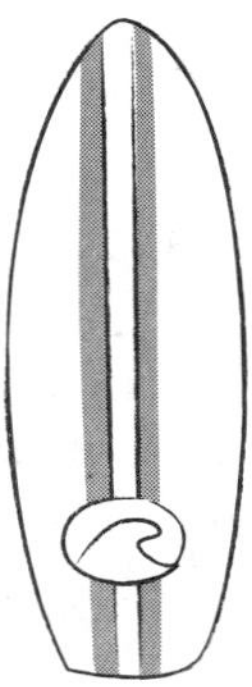

$$\begin{array}{r} 6 \\ +\,5 \\ \hline \square \end{array}$$

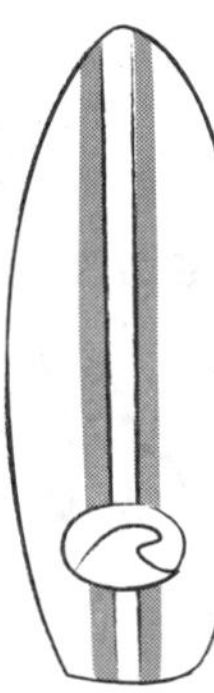

RESPOSTAS NA PÁGINA 286

ENQUANTO ISSO, UMA ESTRELA SE REVELA NO BASQUETE! ORDENE AS BOLAS, DA MENOR PARA A MAIOR.

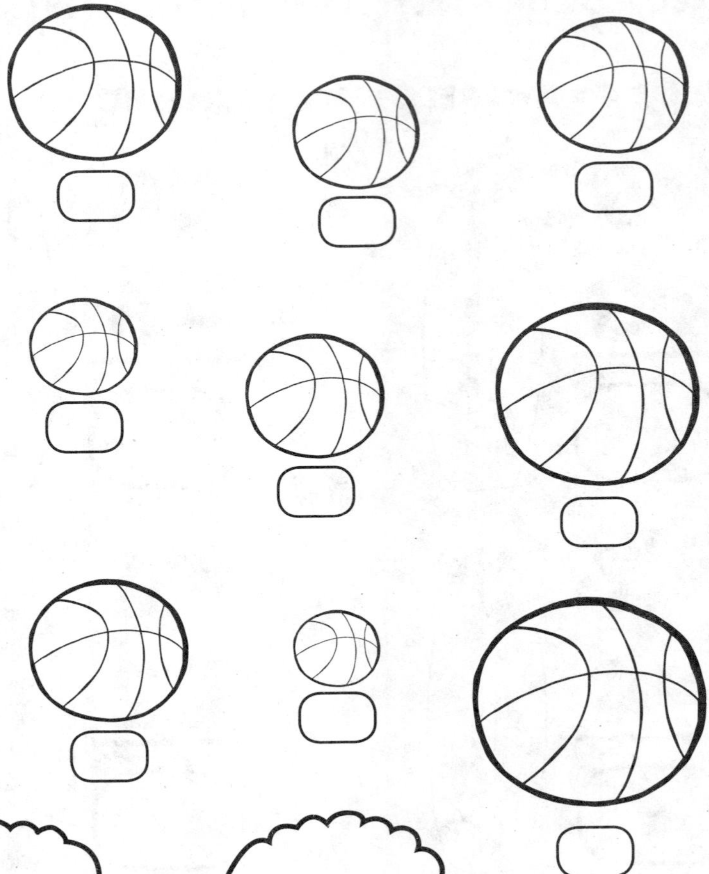

UAU! BEM NO ÚLTIMO MINUTO, HOOPS MVP FEZ A CESTA QUE GARANTIU A VITÓRIA DO SEU TIME. ELA MERECE GANHAR SUAS CORES PREFERIDAS!

RESPOSTA NA PÁGINA 286

ATHLETIC CLUB

KICKS TAMBÉM ESTÁ DISPUTANDO UMA PARTIDA EMOCIONANTE, MAS É DE FUTEBOL. ELA É A **ARTILHEIRA** DA EQUIPE. QUANTAS VEZES ESTA PALAVRA SE REPETE NO QUADRO?

A	R	T	I	L	H	E	I	R	A
R	H	L	A	E	R	T	E	E	H
T	E	I	R	H	A	I	H	A	E
I	I	A	T	L	R	L	L	R	I
L	R	R	I	A	T	H	A	T	R
H	A	T	L	R	I	A	R	I	A
E	L	I	H	T	L	E	T	L	L
I	T	L	A	I	H	A	I	H	T
R	R	H	E	E	E	L	T	E	R
A	A	E	I	I	I	T	R	I	A
H	I	I	R	L	R	R	A	R	I
E	H	R	L	H	A	E	I	A	H
L	E	A	A	R	H	H	H	R	E

RESPOSTA NA PÁGINA 286

ATHLETIC CLUB

AGORA, USE SEUS LÁPIS DE COR PREFERIDOS PARA TORNAR ESTA BONECA UMA VERDADEIRA CAMPEÃ!

ATHLETIC CLUB

PARA A PARTIDA DE AMANHÃ, **COURT CHAMP** ESTÁ TREINANDO PESADO. OBSERVE OS NÚMEROS ABAIXO E FAÇA O QUE SE PEDE.

- **PINTE DE VERMELHO OS NUMERAIS QUE SÃO MÚLTIPLOS DE 3**
- **PINTE DE AZUL O RESULTADO DA SOMA: 4+3**
- **CIRCULE OS NUMERAIS PARES**
- **PINTE DE AMARELO O RESULTADO DA SUBTRAÇÃO: 9–7**

7 2 8 6

9 3 4

COM A SUA TORCIDA, ESTA BONECA SABE QUE VAI GANHAR A PARTIDA DE TÊNIS! PINTE-A COM CAPRICHO.

RESPOSTA NA PÁGINA 286

SPRINTS TAMBÉM ESTÁ TREINANDO HOJE, CORRENDO NA PISTA. ENTRE OS TEMPOS QUE ELA FEZ, QUAL É O MAIS BAIXO? CIRCULE-O.

03:34

03:05

02:17

02:12

02:58

RESPOSTA NA PÁGINA 286

ATHLETIC CLUB

SE **SPIKE** CONTINUAR ASSIM, CHEGARÁ EM PRIMEIRO LUGAR! ELA SÓ PRECISA QUE VOCÊ FAÇA UM BELO COLORIDO.

MAIS RÁPIDA QUE ELA, SÓ **ROLLER SK8ER** ARREPIANDO SOBRE SEUS PATINS! DESCUBRA O QUE ELA ESTÁ DIZENDO, JUNTANDO AS LETRAS ALTERNADAS.

EBUYASRJRNAQSL OPNEAZSCMVABN KOLBTREAUS!

MAIS DO QUE COMPETIR, ESTA BONECA ADORA SE DIVERTIR SOBRE RODAS. VAMOS BRINCAR COM ELA!

RESPOSTA NA PÁGINA 286

DEPOIS DE TANTA EMOÇÃO, A GRACIOSA **ICE SK8ER** DÁ UM SHOW DE TALENTO NA PISTA DE GELO!

ESTE É UM DOS TROFÉUS QUE AS BONECAS DO ATHLETIC CLUB GANHARAM HOJE. DESENHE-O NO QUADRO EM BRANCO, SEGUINDO A REFERÊNCIA.

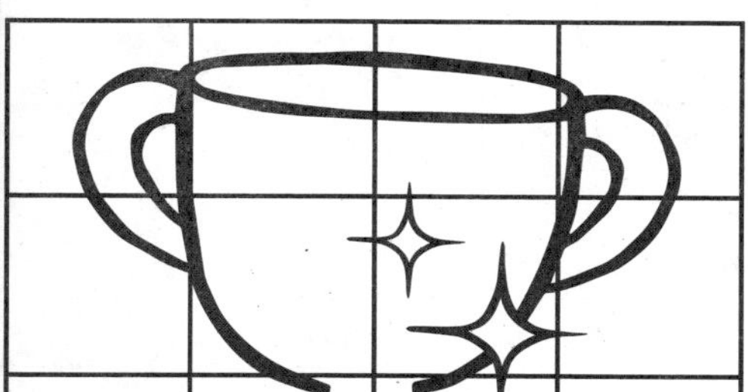

**SIGA AS DICAS E RESPONDA:
DE QUEM É A ESTA SOMBRA?**

1- INICIAL DA PALAVRA PATO
2- VOGAL QUE VEM DEPOIS DO I
3- INICIAL DA PALAVRA SOL
4- INICIAL DA PALAVRA HORA

RESPOSTA

___ ___ ___ ___

**PINTE OS DESENHOS QUE APARECEM MAIS E
CIRCULE A FIGURA QUE NÃO SE REPETE.**

  RESPOSTAS NA PÁGINA 286

CIRCULE AS LETRAS INTRUSAS DE CADA LADO E DESCUBRA O NOME DESTA BONECA ESTILOSA.

VOGAIS

A N I
O I N
H A A
U E O
I U Y E
B I U

CONSOANTES

P E
S L
O B S
R U N
F D S
V B S C

☐☐☐☐☐ ☐☐☐

LIGUE CADA CONJUNTO AO NUMERAL CORRESPONDENTE.

1

5

3

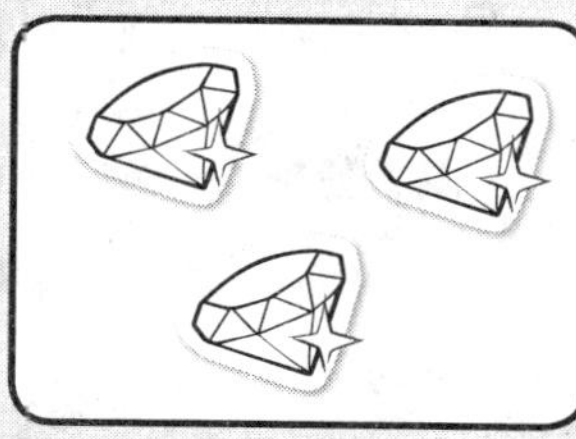

RESPOSTAS NA PÁGINA 286

BLING SERIES

ENCONTRE E GRIFE TODAS AS PALAVRAS "BLING" QUE ENCONTRAR.

ASBLINGSER
BRBLINGDIO
BALBLINGST
NGBLINGFDA
MNILFBLING

AJUDE HONEY BUN A DESVENDAR A CHARADA, ESCOLHENDO A ALTERNATIVA CORRETA.

O MAR ESTÁ PARA O PEIXE, ASSIM COMO A COLMEIA ESTÁ PARA:

A) A ABELHA
B) O BEIJA-FLOR
C) A JOANINHA

  RESPOSTAS NA PÁGINA 286

AGORA, PINTE POSH COM CORES FORTES.

ENCONTRE A SEQUÊNCIA EM DESTAQUE E CIRCULE-A.

OBSERVE O QUADRO E CIRCULE APENAS OS ELEMENTOS QUE BRILHAM.

GLITTER

SOL

ESTRELA

FOLHA

DIAMANTE

ROSA

RESPOSTAS NA PÁGINA 286

QUAL XÍCARA DE CHÁ ESFRIOU?
ASSINALE A ALTERNATIVA CORRETA.

FAÇA A SOMA DESTA CONTINHA
E ESCREVA O RESULTADO.

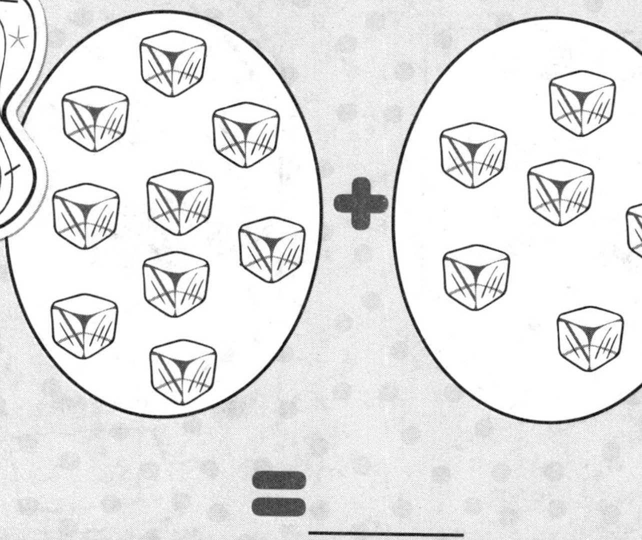

RESPOSTAS NA PÁGINA 286

QUANTAS VEZES O PET DE **YIN B.B.** APARECEU NA PÁGINA? CONTE E RESPONDA.

RESPOSTA

PARA QUE A HARMONIA POSSA VOLTAR, **YIN B.B.** TROUXE UM ENIGMA. DE ACORDO COM AS CONTINHAS, QUAL É O VALOR DE **A**, **B** E **C**?

A+A = 4

A+B = 3

B+C = 4

A: _______

B: _______

C: _______

RESPOSTAS NA PÁGINA 286

QUEM É ELA? SIGA OS FIOS E RESPONDA.

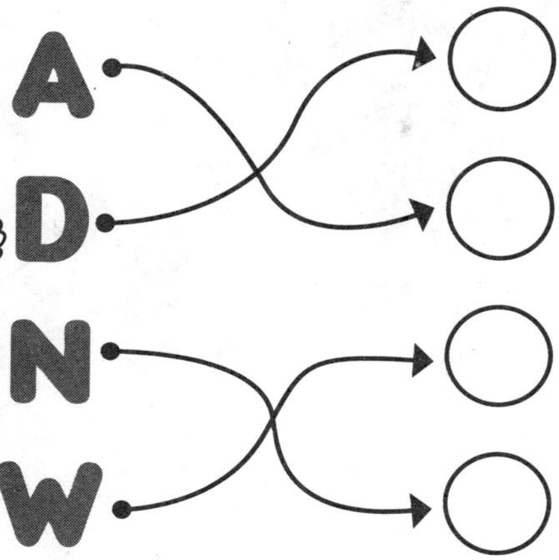

LIGUE OS OPOSTOS.

CLARO •	• NOITE
DIA •	• CARO
BARATO •	• MOLHADO
SECO •	• ESCURO

RESPOSTAS NA PÁGINA 286

ENCONTRE E ASSINALE A ÚNICA SOMBRA DIFERENTE DA **YANG Q.T.**

A

B

C

AJUDE A LIL YANG Q.T. A ENCONTRAR A SAÍDA DO LABIRINTO.

RESPOSTAS NA PÁGINA 286

O IMPORTANTE É SER VOCÊ MESMA!

LIGUE CADA L.O.L. SURPRISE! AO SEU PET.

COMPLETE O QUADRO COM AS DICAS DA LISTA E DESCUBRA O OPOSTO DA PALAVRA "FELIZ".

1- PLURAL DE TARDE

2- TEM 8 PATAS

3- SENTIMENTO DE APAIXONADO

4- QUEM CORRE ESTÁ COM______.

5- QUEM ESTÁ SABENDO ESTÁ________.

6- O OPOSTO DE ATRÁS

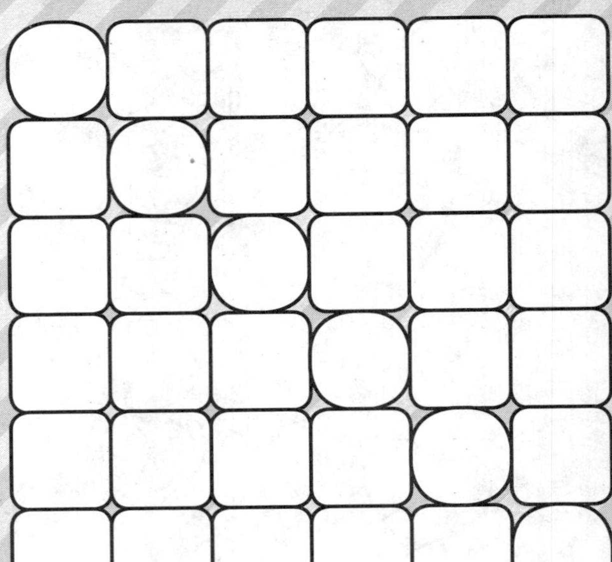

RESPOSTAS NA PÁGINA 286

VAMOS MERGULHAR NO MUNDO DAS DIFERENÇAS BRINCANDO! ENCONTRE OS OPOSTOS DAS PALAVRAS ABAIXO NO CAÇA-PALAVRAS.

- ✓ ALEGRE
- ✓ FRIO
- ✓ ESCURO
- ✓ ALTO
- ✓ BONITO
- ✓ SUJO

			R	X	B	G	S	U	E
			I	T	A	J	H	T	S
		C	F	E	I	O	N	J	Y
I	B	J	B	E	X	I	F	N	U
O	C	U	T	S	O	S	T	E	M
L	L	K	M	D	Ç	L	J	S	J
Ç	A	M	A	Q	U	E	N	T	E
P	R	G	L	R	B	P	W	R	G
S	O	E	I	O	T	S	S	I	V
D	H	F	O	Y	N	D	C	S	B
E	J	V	F	N	H	E	D	T	U
C	L	I	M	P	O	C	U	E	I
V	O	D	V	Ç	S	V	I	E	O

RESPOSTA NA PÁGINA 286

DESVENDE A MENSAGEM SECRETA E DESCUBRA UM DITADO POPULAR.

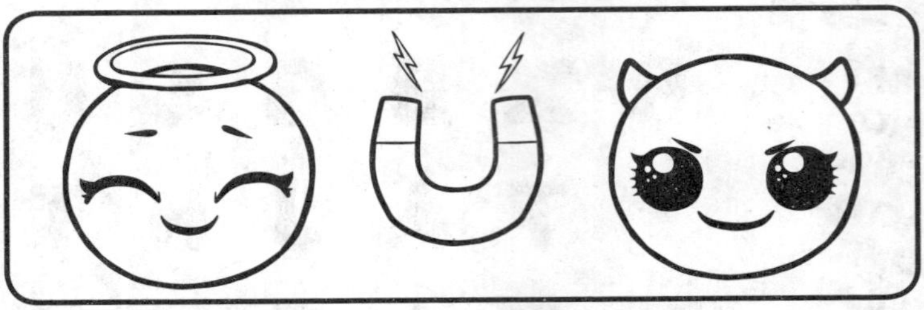

O _   _ P _ _ _ _ _

_ E   _ _ R _ _ _

SUGAR É UM DOCINHO DE BONECA, MAS TAMBÉM TEM EM SI UMA PITADA DE ATREVIMENTO. PINTE-A COMO A ANJINHA QUE ELA É!

RESPOSTA NA PÁGINA 286

CIRCULE APENAS AS PALAVRAS QUE REPRESENTAM ALIMENTOS DOCES.

PUDIM

BOLO

PASTEL

BATATA FRITA

SORVETE

MELANCIA

RESPOSTAS NA PÁGINA 286

A BRINCADEIRA CONTINUA! ENCONTRE, NOS GRUPOS DE PALAVRAS ABAIXO, APENAS UMA QUE NÃO PERTENCE A ELES.

LUA SOL
FLOR ESTRELAS

BANANA MAÇÃ PERA
UVA CHOCOLATE

COMPUTADOR CELULAR
TELEVISÃO BICICLETA

LÁPIS LIVRO LOUSA
CADERNO CAMA

RESPOSTA NA PÁGINA 286

OPPOSITES CLUB

POR MAIS QUE **SPICE** SEJA ESQUENTADA COMO PIMENTA, ELA AINDA TEM UM TANTINHO DE DOÇURA, COMO A MELHOR AMIGA!

OPPOSITES CLUB

RES CON CA

PEI LE FI

AN AL TO

RI DA

NHO DE ÇA

A PRÓXIMA DUPLA DE BONECAS TAMBÉM REÚNE O IMPROVÁVEL! JUNTE OS PEDAÇOS QUE SE COMPLETAM PARA FORMAR PALAVRAS SOBRE A AMIZADE.

FANCY ADORA PÉROLAS E BABADOS, E QUEM A VÊ NEM IMAGINA QUE **FRESH** SEJA SUA AMIGA NÚMERO UM!
USE TONS DE ROSA PARA COLORI-LA.

RESPOSTA NA PÁGINA 286

ISSO É PORQUE **FRESH** NÃO PODERIA SER MAIS DIFERENTE DA SUA BFF. ENCONTRE CINCO DIFERENÇAS ENTRE ESTES DOIS QUADROS NUMÉRICOS.

3	6	9	4	1	0
5	8	4	2	0	9
7	5	3	0	5	1
8	6	9	2	9	2
6	9	4	3	0	8

3	4	9	4	1	0
5	8	4	5	0	9
7	5	3	0	5	7
9	6	9	2	9	2
6	9	4	3	8	8

RESPOSTA NA PÁGINA 286

OPPOSITES CLUB

ESTA BONECA TEM UM ESTILO BEM URBANO, QUE NADA TEM A VER COM O DE FANCY. MAS, AFINAL, É ISSO QUE TORNA ESSA AMIZADE ESPECIAL!

OPPOSITES CLUB

AGORA, VOCÊ VAI CONHECER DAWN E DUSK. DECIFRE O ENIGMA PARA DESCOBRIR QUAL É O SIGNIFICADO DOS NOMES DESTAS BONECAS.

	A	B	C	D	E
1	R	J	Ç	E	O
2	U	A	I	S	N
3	H	P	M	J	Ó
4	L	D	C	B	Ú

B2	C3	B2	E2	A3	D1	C4	D1	A1

C4	A1	D1	B3	E4	D2	C4	A2	A4	E1

DAWN GOSTA DE ACORDAR CEDINHO E CURTIR OS MAIS LINDOS DIAS DE SOL. DÊ A ELA CORES VIBRANTES E ALEGRES!

RESPOSTA NA PÁGINA 286

ENQUANTO ISSO, DUSK PREFERE O ANOITECER. ENCONTRE A ÚNICA SOMBRA QUE CORRESPONDE À ILUSTRAÇÃO DA BONECA ABAIXO.

RESPOSTA NA PÁGINA 286

OPPOSITES CLUB

É SÓ DEPOIS DO PÔR DO SOL QUE **DUSK** DECIDE DAR UMA VOLTA POR AÍ. MAS, QUANDO ELA SE ENCONTRA COM **DAWN**, A SINTONIA É PERFEITA!

CRIE UM DESENHO DE VOCÊ E DA SUA MELHOR AMIGA, FAZENDO JUNTAS O QUE MAIS GOSTAM; NÃO SE ESQUEÇA DE DEIXAR A CENA BEM COLORIDA!

AMIZADES COMO ESSAS SÃO DIFÍCEIS DE ENCONTRAR! VOCÊ CONSEGUE ACHAR NO MOSAICO UM QUADRADO DO MESMO TAMANHO DO MODELO ABAIXO?

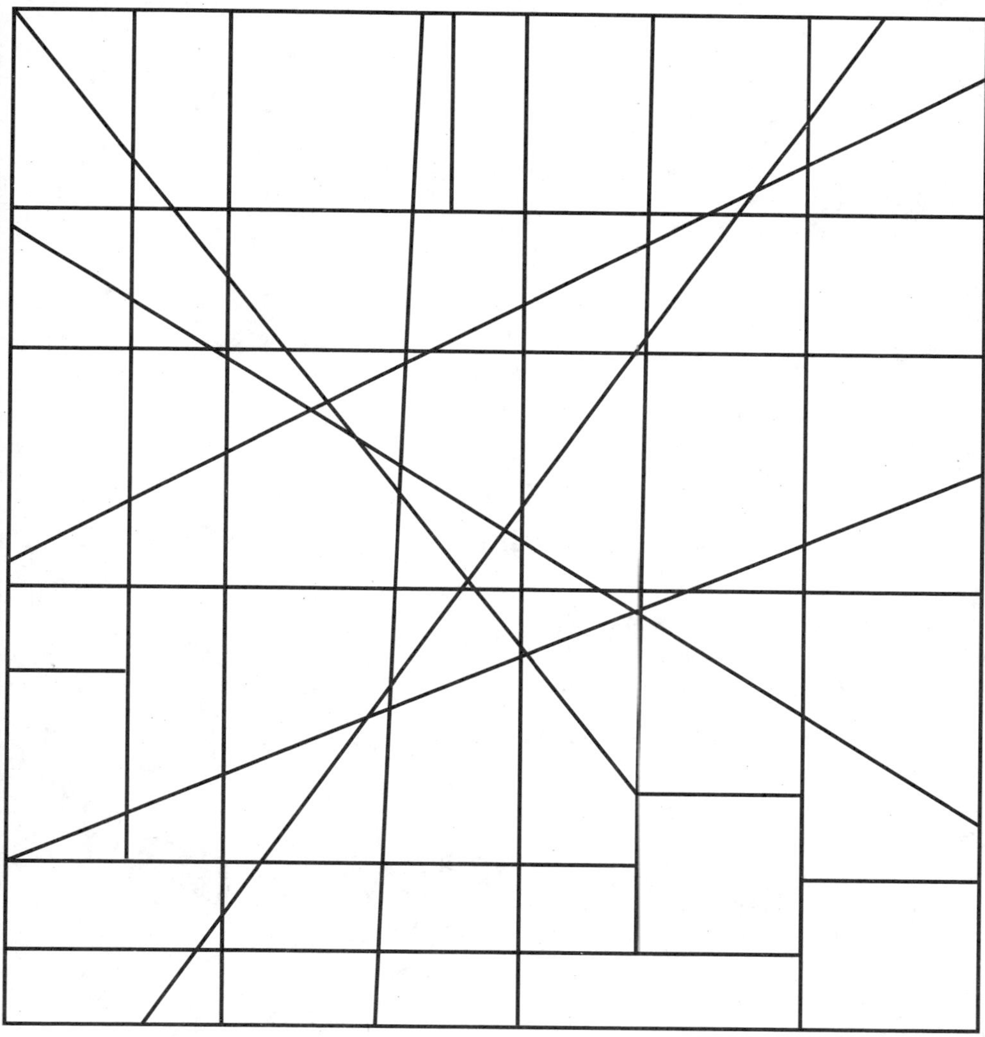

RESPOSTA NA PÁGINA 287

ENCONTRE A FIGURA IDÊNTICA À DA BONECA **CHERRY** EM DESTAQUE.

A

B

C

SUBSTITUA CADA LETRA PELA SUA ANTECESSORA E DESCUBRA O NOME DESTA TALENTOSA BONECA.

TPVM

____

CBCF

____

RESPOSTAS NA PÁGINA 287

ENCONTRE E CIRCULE O CONJUNTO QUE APRESENTA TODAS AS LETRAS DE "**RETRO CLUB**"

ENCONTRE CINCO DIFERENÇAS NA **LIL SOUL BABE** À DIREITA.

RESPOSTAS NA PÁGINA 287

FORME O MÁXIMO DE PALAVRAS QUE CONSEGUIR COM AS LETRAS DO QUADRO.

A M F L E O R T I

ENCONTRE E ASSINALE A ÚNICA SOMBRA DIFERENTE DAS DEMAIS.

RESPOSTA NA PÁGINA 287

AJUDE BOOGIE BABE E SUA IRMÃ, LIL BOOGIE BABE, A ENCONTRAREM AS FIGURAS QUE SE REPETEM.

CONTE E RESPONDA QUANTAS VEZES SQUEAK-NIK SE MULTIPLICOU.

RESPOSTA

RESPOSTAS NA PÁGINA 287

JÁ **CHERRY** SABE SER ADORADA COMO A CEREJA NO TOPO DO BOLO! USE SUAS CORES MAIS BELAS PARA PINTÁ-LA!

JITTERBUG E **CHERRY** PREPARARAM UMA ATIVIDADE SUPERDIVERTIDA PARA VOCÊ! CIRCULE, EM CADA SEQUÊNCIA, A PALAVRA QUE NÃO PERTENCE AO CONJUNTO.

MODA ESTILO
RETRO SORRISO

ANTIGO VINTAGE
VISUAL ARMADILHA

AMIZADE CARINHO
RESPEITO TRISTEZA

BIJUTERIA CALOR
ACESSÓRIO JOIA

RESPOSTA NA PÁGINA 287

GO-GO GURL TAMBÉM ADORA SE SENTIR RADIANTE À MODA ANTIGA.

GO-GO GURL DESAFIA VOCÊ A USAR A SUA CRIATIVIDADE E OUSADIA! DESENHE AQUI UM NOVO LOOK OLD-SCHOOL PARA ELA!

AGORA É HORA DE ENCONTRAR AS DUAS ÚNICAS SOMBRAS IGUAIS DESTA PÁGINA. MANTENHA OS OLHOS BEM ABERTOS!

QUE TAL UMA PARTIDA DE JOGO DA VELHA?
CONVIDE UMA AMIGA PARA BRINCAR!

RESPOSTA NA PÁGINA 287

RETRO CLUB

FALANDO EM OUSADIA, PARA PINK BABY, O "OLD" É O NOVO "NEW". SEU ESTILO NÃO É ÚNICO?

RETRO CLUB

FOXY ENCONTROU NO PASSADO UM JEITO TODO ESPECIAL DE SER. ELA ARRASA POR ONDE PASSA!

ESTA BONECA TEM UM RECADO PARA VOCÊ.
DA ESQUERDA PARA A DIREITA, LEIA DUAS LETRAS SIM E UMA NÃO PARA DESCOBRIR ESTA MENSAGEM ESPECIAL.

ACIREUDIA

TEMNOESS

VEURSSVO

NCHOES!

RESPOSTA ....

....

....

....

....

....

B.B. BOP SABE QUE PODE ALCANÇAR QUALQUER OBJETIVO SE ACREDITAR EM SI MESMA. SE VOCÊ É COMO ELA, CAPRICHE NO COLORIDO!

RESPOSTA NA PÁGINA 287

DA MESMA MANEIRA **BEATNIK BABE** SE DESTACA, MAS SEM DEIXAR O CHAPÉU SUPERESTILOSO DE LADO!

AGORA QUE VOCÊ CONHECE MAIS UM POUCO SOBRE O CLUBE MAIS RETRO DO MOMENTO, LIGUE AS BONECAS ÀS SUAS RESPECTIVAS RARIDADES:

JITTERBUG

ULTRA-RARA

COMUM

FOXY

BEATNIK BABE

POUCO COMUM

RESPOSTAS NA PÁGINA 287

O CHARME DO RETRO CLUB É INSUBSTITUÍVEL! JITTERBUG SEGUE O RITMO DA DANÇA, SEMPRE COM MUITO ESTILO!

AGORA, ENCONTRE 6 DIFERENÇAS ENTRE AS DUAS FIGURAS DESTAS BONECAS SUPERFASHION!

RESPOSTAS NA PÁGINA 287

RETRO CLUB

AS BONECAS DO RETRO CLUB ADORARAM A SUA COMPANHIA! PARA DESCOBRIR UM ÚLTIMO RECADO, SUBSTITUA AS LETRAS PELAS ANTECESSORAS DO ALFABETO.

TFKB

....

VOJDB

....

IPKF

....

F

....

TFNQSF!

....

RESPOSTA NA PÁGINA 287

ENCONTRE O ÚNICO PEDAÇO AMPLIADO QUE NÃO PERTENCE À FANIME.

RESPOSTA NA PÁGINA 287

AJUDE **NEON Q.T.** A ENCONTRAR **NEON KITTY**, ESCOLHENDO O CAMINHO QUE A LEVA ATÉ A GATINHA.

RESPOSTA NA PÁGINA 287

COSPLAY CLUB

RELACIONE CADA PET À SUA DONA E CIRCULE O ÚNICO QUE TEM ASAS.

RESPOSTA NA PÁGINA 287

OBSERVE A ESPIRAL E RESPONDA: QUANTAS VEZES APARECE A PALAVRA "COSPLAY"?

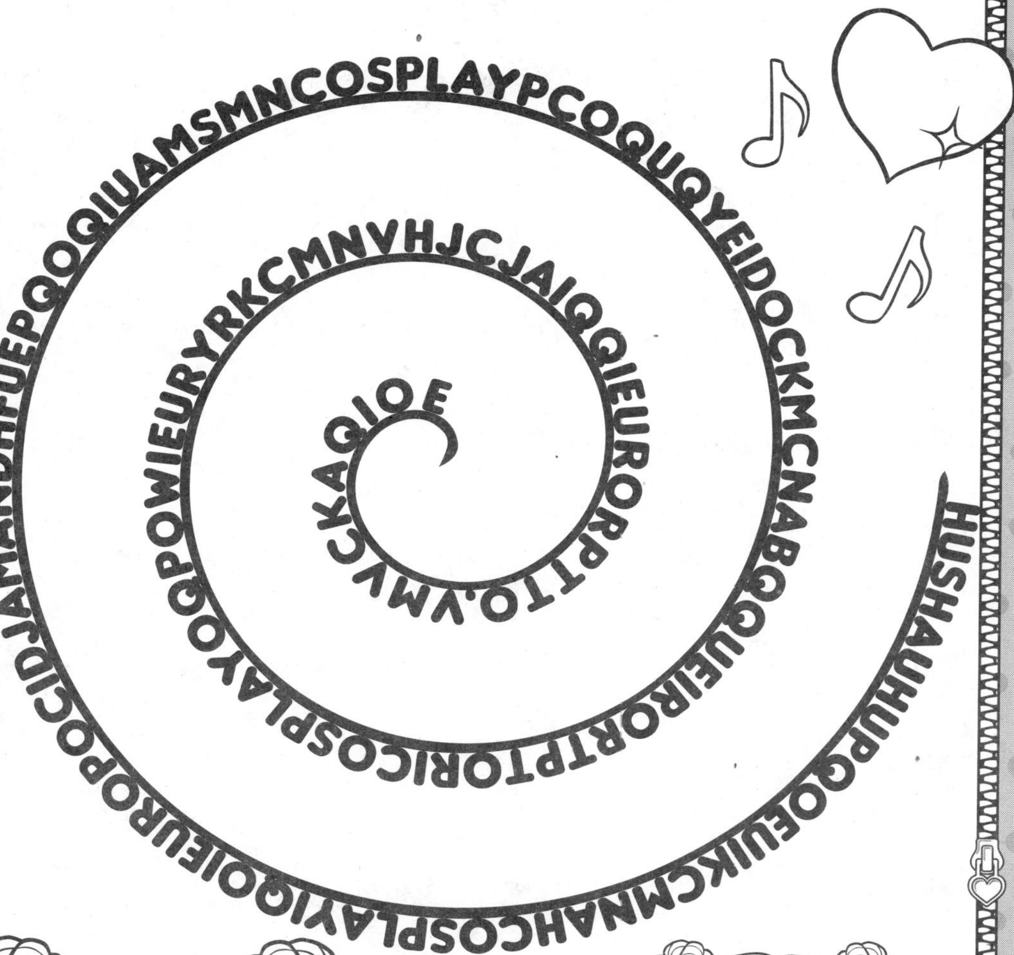

RESPOSTA:

RESPOSTA NA PÁGINA 287

COSPLAY CLUB

PARA DESCOBRIR UMA CARACTERÍSTICA DAS BONECAS DESTE CLUBE, ENCONTRE AS LETRAS QUE NÃO SE REPETEM NAS DUPLAS DE PALAVRAS E, DEPOIS, COLOQUE-AS NA ORDEM INDICADA.

1. NAVIO - NOVA ________
2. RARO - ROTA ________
3. COBRA - OBRA ________
4. PIANO - PINO ________
5. CADEIRA - CADEIA ________
6. LATA - LATIA ________
7. VILA - VIL ________
8. VOLTE - LOTE ________
9. SALVAR - LAVRA ________

RESPOSTA: 3 - 5 - 1 - 4 - 2 - 6 - 8 - 7 - 9

____

RESPOSTA NA PÁGINA 287

NEON Q.T. SE DESTACA COM SEU ESTILO. NA HORA DE PINTÁ-LA, LEMBRE-SE: ELA GOSTA DE CORES FORTES!

BON BON TEM UM MISTÉRIO PARA VOCÊ! DESCUBRA QUANTO VALE CADA FIGURA, LEVANDO EM CONTA QUE OS NUMERAIS SÃO OS RESULTADOS DE SUAS SOMAS NAS LINHAS E COLUNAS. QUAL FIGURA FALTA PARA COMPLETAR O QUADRO?

AO CONTRÁRIO DA AMIGA, **MIDNIGHT** GOSTA DA COR PRETA E SE INSPIRA NO CÉU NOTURNO PARA SEUS LOOKS. CAPRICHE AO COLORIR ESTA BONECA!

RESPOSTA NA PÁGINA 287

COLOQUE AS LETRAS NOS LUGARES INDICADOS PARA DESCOBRIR O NOME DO PET DA BON BON.

O P H P H O

___ ___ ___ ___ ___ ___

PARA BON BON, A VIDA É UMA CAIXINHA DE DOCES SURPRESAS!

RESPOSTA NA PÁGINA 287

DESVENDE O ENIGMA E ESCREVA O NOME DESTE PET.

 **+ LUXE = ____________**

LUXE ESTÁ SEMPRE PRONTA PARA ARRASAR!

RESPOSTA NA PÁGINA 287

#INSTAGOLD ESTÁ PRONTA PARA SAIR! ENCONTRE O CELULAR ESCONDIDO NA ILUSTRAÇÃO.

AJUDE **#INSTAGOLD** A ENCONTRAR A ÚNICA PALAVRA QUE NÃO PERTENCE AO GRUPO.

BOLSA

SAPATOS

BATOM

BRINCOS

GARFO

CELULAR

ÓCULOS

ANÉIS

RESPOSTAS NA PÁGINA 287

COMPLETE A CRUZADINHA COM AS PEDRAS PRECIOSAS ABAIXO.

SAFIRA
TURQUESA
AMETISTA
DIAMANTE
ESMERALDA

RESPOSTAS NA PÁGINA 287

ORDENE A FOTO DE #INSTAGOLD À DIREITA.

ESCREVA QUANTAS PALAVRAS CONSEGUIR COM AS LETRAS DE "BRILHANTE COMO OURO PURO"

EXEMPLO: ROUPA

RESPOSTAS NA PÁGINA 287

AGORA, VOCÊ VAI CONHECER AS BONECAS DO **S.T.E.M. CLUB**. ELAS MOSTRAM QUE AS GAROTAS PODEM CHEGAR AONDE QUISEREM! PASSE PELO LABIRINTO NUMÉRICO, SEGUINDO APENAS OS MÚLTIPLOS DE 3.

44	77	41	18	22	79
11	47	65	21	33	41
53	98	71	20	24	37
10	42	39	15	6	41
34	30	70	5	14	52
24	27	41	63	66	72
12	8	73	54	83	3
9	33	39	48	31	78
17	43	46	91	93	90
22	38	35	25	96	49

RESPOSTA NA PÁGINA 287

ESTA É A **CAN DO BABY**. ELA É CHEIA DE HABILIDADES E ESPECIALISTA EM CONSERTAR COISAS. PRECISOU? É SÓ CHAMÁ-LA!

S.T.E.M. CLUB

ESTA BONECA É INTELIGÊNCIA PURA! MOSTRE PARA P.H.D.B.B. QUE VOCÊ TAMBÉM CONSEGUE ENCONTRAR OS SINAIS QUE FALTAM EM CADA CONTINHA.

20 ☐ 15 = 35

45 ☐ 33 = 12

3 ☐ 3 = 9

16 ☐ 2 = 8

LIL P.H.D.B.B. ESTÁ SEGUINDO OS PASSOS DA IRMÃ!

RESPOSTAS NA PÁGINA 287

AJUDE V.R.Q.T. A LIGAR AS CONTINHAS AOS RESULTADOS CORRESPONDENTES.

35 + 16 =	59
28 − 14 =	36
37 + 22 =	14
6 × 6 =	7
28 ÷ 4 =	51

QUANTAS VEZES CADA FIGURA SE REPETE? CONTE E ESCREVA A RESPOSTA NOS ESPAÇOS INDICADOS.

RESPOSTAS NA PÁGINA 287

JÁ V.R.Q.T ESTÁ CONECTADA O TEMPO TODO! VOCÊ CONSEGUE ENCONTRAR UM PAR DE BONECAS IDÊNTICAS ABAIXO?

RESPOSTA NA PÁGINA 287

GLAMSTRONAUT ATÉ CONSEGUIU CHEGAR À LUA, MOSTRANDO AO MUNDO TODO A VERDADEIRA GIRL POWER! ELA MERECE UM BELO COLORIDO, NÃO É?

THE GLITTERATI CLUB

SUGAR QUEEN VEIO DIZER QUE SUAS CORES VÃO BRILHAR COM AS INCRÍVEIS BONECAS DESTE CLUBE!

CRYSTAL QUEEN TROUXE UM RECADO QUE VOCÊ SÓ CONSEGUIRÁ DECIFRAR SE SUBSTITUIR AS LETRAS ABAIXO PELAS ANTERIORES NO ALFABETO.

WBNPT OPT

EJWFSUJS

NVJUP!

AGORA, PINTE **CRYSTAL QUEEN** COM BASTANTE CAPRICHO!

RESPOSTA NA PÁGINA 287

THE GLITTERATI CLUB

OPA! ACABA DE CHEGAR À TERRA A ESTRELA MAIS LEGAL DE TODAS! ANTES DE CONHECÊ-LA, DESEMBARALHE AS LETRAS E DESCUBRA CURIOSIDADES SOBRE ALGUNS PLANETAS.

ÚROMCEIR É O PLANETA QUE VIAJA MAIS RÁPIDO AO REDOR DO SOL.

SUVNÊ TAMBÉM É CONHECIDO COMO ESTRELA D'ALVA.

NAORU GIRA DEITADO EM TORNO DO SOL.

UONTEN FOI DESCOBERTO EM 1846.

RESPOSTA NA PÁGINA 287

THE GLITTERATI CLUB

ELA É A COSMIC QUEEN, LEVANDO A MAGIA DO GLITTER POR TODO O ESPAÇO SIDERAL!

O FUNDO DO MAR TAMBÉM TEM SEUS MISTÉRIOS. PINTE AS LETRAS COM UM PONTINHO NAS ONDAS PARA SABER QUAL É O MAIOR OCEANO DO MUNDO!

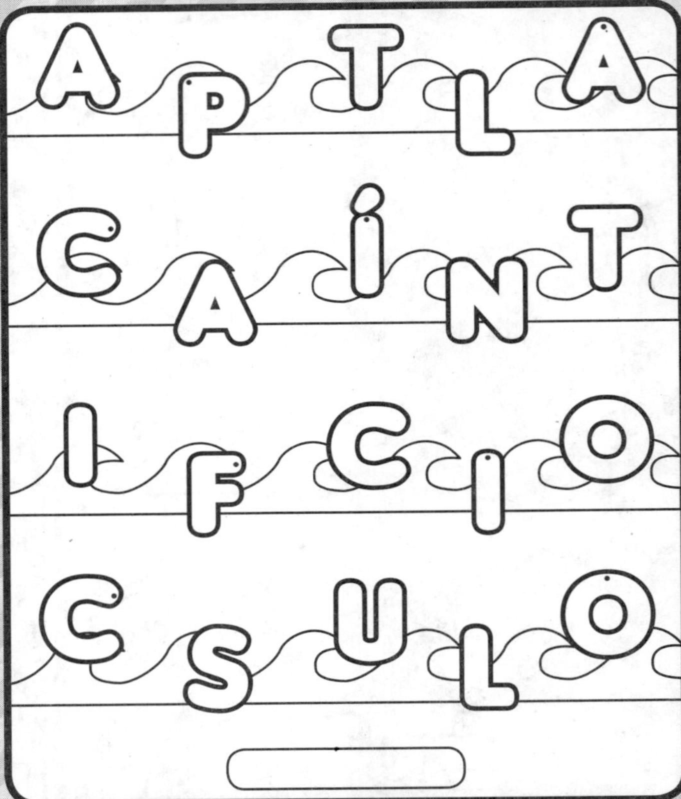

SPLASH QUEEN CONHECE CADA CANTINHO DESTE VERDADEIRO UNIVERSO SUBAQUÁTICO. DÊ A ELA LINDAS CORES!

RESPOSTA NA PÁGINA 287

JÁ MADAME QUEEN DEIXA SEU BRILHO POR ONDE PASSA. ACHE A SAÍDA DO LABIRINTO, SABENDO QUE AS ESTRELAS INDICAM O CAMINHO CERTO.

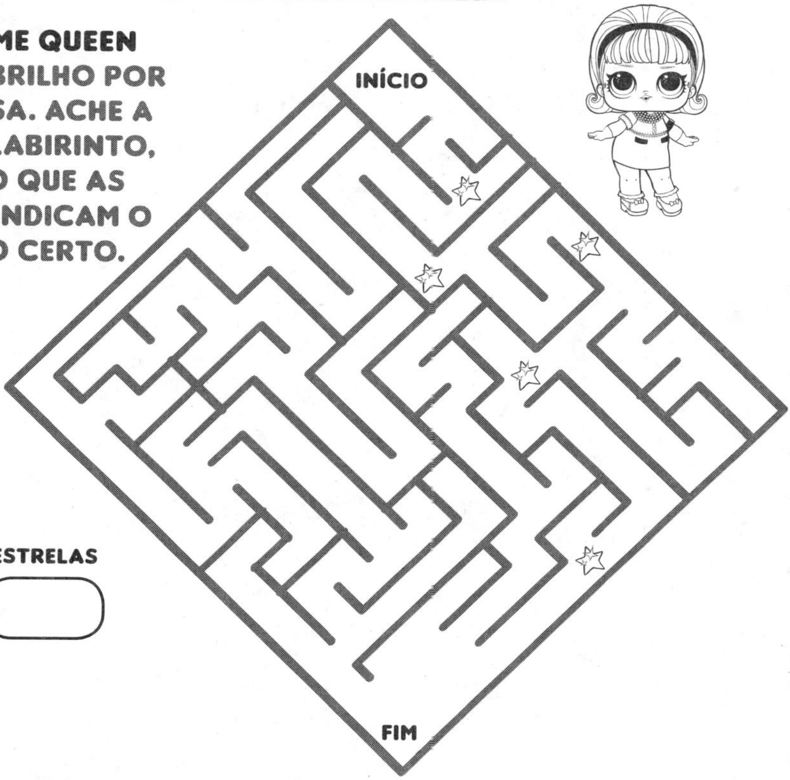

ESTRELAS

KAWAII QUEEN CONHECE BEM A CULTURA JAPONESA. ASSINALE COM X A PALAVRA QUE NÃO PERTENCE AO CONJUNTO.

JAPÃO

KIMONO

OTTAWA

SUSHI

JUDÔ

TÓQUIO

RESPOSTAS NA PÁGINA 287

AGORA, É A VEZ DA BONECA MAIS GATINHA DE TODAS MOSTRAR O SEU CHARME! CONTE QUANTAS VEZES A SEQUÊNCIA ABAIXO APARECE NO QUADRO.

RESPOSTA NA PÁGINA 287

ELA É A KITTY QUEEN, QUE CHEGA EXIBINDO SEU ESTILO FELINO! SÓ FALTAM ALGUMAS CORES, NÃO ACHA?

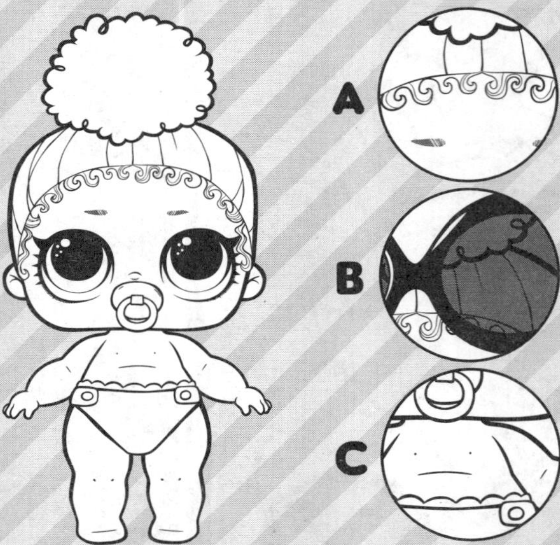

QUAL PARTE AMPLIADA NÃO PERTENCE À LIL BOSS QUEEN? ASSINALE A ALTERNATIVA CORRETA.

ELEGÂNCIA E CLASSE SÃO AS PALAVRAS DE ORDEM PARA ESTA BONECA. BOSS QUEEN ESTÁ ESPERANDO UM BELO COLORIDO!

RESPOSTA NA PÁGINA 287

THE QUEEN MARCOU HISTÓRIA COM SEU ESTILO ÚNICO. POR ISSO, ELA MERECE UM COLORIDO BEM ORIGINAL!

OBSERVE BEM A BONECA DA PÁGINA ANTERIOR. APENAS UMA DAS SOMBRAS ABAIXO CORRESPONDE A ELA. QUAL É?

A B C

D E F

RESPOSTA NA PÁGINA 287

CAPRICHE BEM DANDO CORES À **INDEPENDENT QUEEN**, A BONECA QUE SÓ SEGUE SUAS PRÓPRIAS REGRAS!

THE GLITTERATI CLUB

AS BONECAS DO **THE GLITTERATI CLUB** TÊM MAIS UM DESAFIO PARA VOCÊ. QUAL É A SOMA DE TODOS OS NÚMEROS ESCONDIDOS NESTA CENA?

RESPOSTA

AJUDE **QUEEN BEE** A CONTAR QUANTAS ABELHAS ESTÃO AO LADO DELA E ESCREVA A RESPOSTA NO ESPAÇO INDICADO.

RESPOSTA

RESPOSTAS NA PÁGINA 287

GLITTER QUEEN TEM UM ENIGMA PARA VOCÊ! SUBSTITUA OS NUMERAIS PELAS LETRAS PARA DESCOBRIR!

A	C	E	I	N	O	U	V
1	2	3	4	5	6	7	8

_ _ _ _ (^ sobre o último)   _ (´)

8 6 2 3   3

_ (´) _ _ _ _ !

7 5 4 2 1

RESPOSTA NA PÁGINA 287

THE GLITTERATI CLUB

QUAL PARTE DA KITTY QUEEN É A MESMA QUE APARECE EM DESTAQUE?

A

B

C

D

RESPOSTA NA PÁGINA 287

THE GLITTERATI CLUB

COMPLETE A CRUZADINHA COM O NOME DAS BONECAS DO THE GLITTERATI CLUB.

QUEEN BEE
BLING QUEEN
COSMIC QUEEN
BOSS QUEEN

RESPOSTAS NA PÁGINA 287

THE GLITTERATI CLUB

LIGUE CADA CONJUNTO AO NÚMERO DE ITENS CORRESPONDENTE.

3

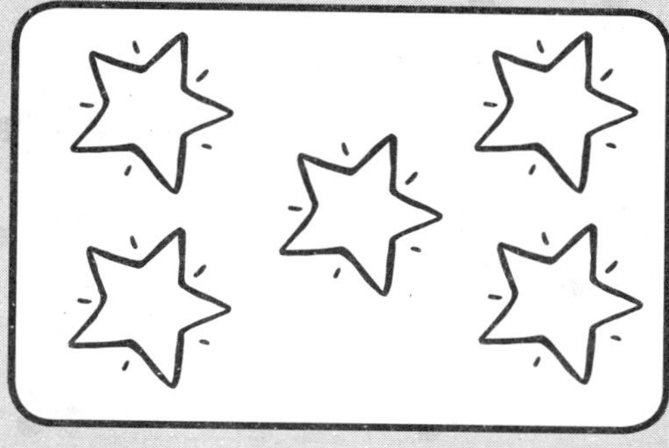

1

5

RESPOSTA NA PÁGINA 287

FORME O MÁXIMO DE PALAVRAS QUE CONSEGUIR COM AS LETRAS DE

"EU AMO GLITTER".

SE VOCÊ COLOCAR AS SÍLABAS EM ORDEM CRESCENTE, FORMARÁ O NOME DO PET DA CRYSTAL QUEEN.

1 CRYS

3 BUN

4 NY

2 TAL

RESPOSTA

__ __ __ __ __ __ __

__ __ __ __ __

RESPOSTA NA PÁGINA 288

LIGUE OS PONTOS PARA COMPLETAR A MADAME QUEEN!

DESEMBARALHE AS LETRAS E ESCREVA NA LINHA ABAIXO O NOME DESTA L.O.L. SURPRISE!

GSUAR EEQUN

____

RESPOSTA NA PÁGINA 288

BLING QUEEN É
BRILHANTE POR
DENTRO E
POR FORA!

THE GLITTERATI CLUB

QUAL É A ÚNICA LIL BLING QUEEN DIFERENTE DAS DEMAIS? CIRCULE-A.

A

C

B

RESPOSTA NA PÁGINA 288

CONTE E RESPONDA QUANTAS VEZES APARECE O NOME GLITTERATI NA ESPIRAL.

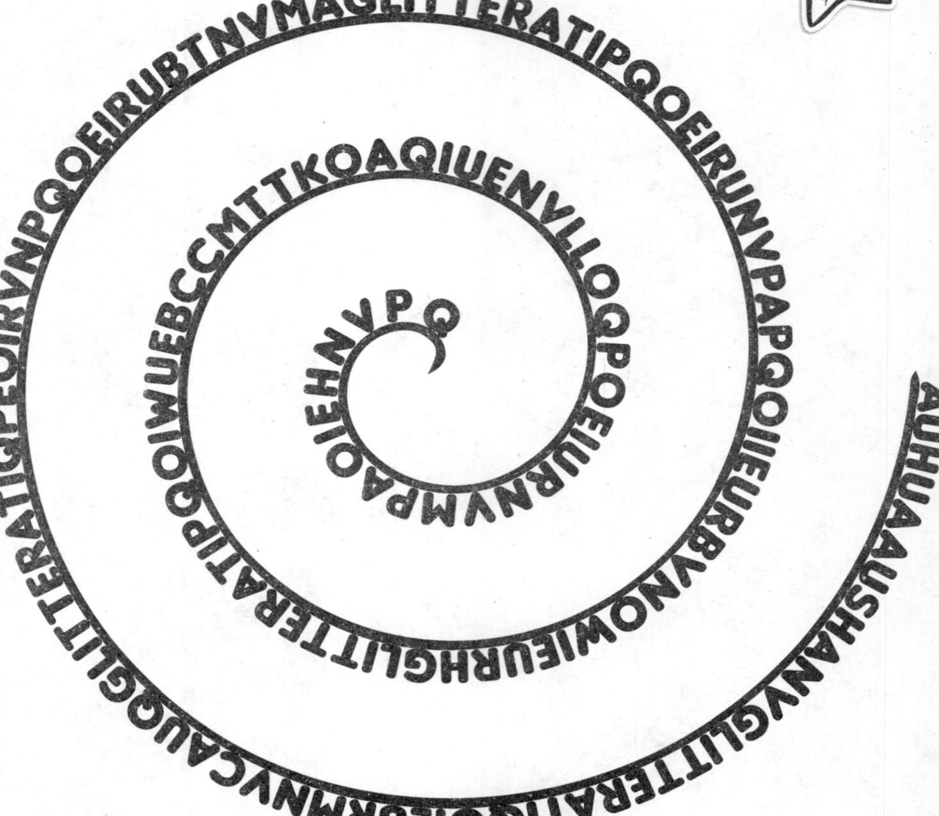

RESPOSTA:

RESPOSTA NA PÁGINA 285

RELACIONE O NOME DE CADA PET AO DA SUA DONA, COLOCANDO A NUMERAÇÃO CORRESPONDENTE DENTRO DO CÍRCULO.

(1) SPLASH QUEEN

( ) PUP BEE

(2) KITTY QUEEN

(3) QUEEN BEE

( ) KITTY KITTY

( ) SPLASH MEOW-MAID

RESPOSTAS NA PÁGINA 288

VAMOS MERGULHAR HOJE COM A SPLASH QUEEN?

THE GLITTERATI CLUB

CIRCULE A LIL SPLASH QUEEN MAIOR E FAÇA UM X NA MENOR.

RESPOSTA NA PÁGINA 288

THE QUEEN ESTÁ QUASE PRONTA PARA VOAR! LIGUE OS PONTOS PARA COMPLETÁ-LA.

THE GLITTERATI CLUB

SUGAR QUEEN TEM DOIS PETS DE ESTIMAÇÃO. SIGA OS FIOS E DESCUBRA QUAL DELES CHEGOU PRIMEIRO À SUA DONA.

RESPOSTA NA PÁGINA 288

THE GLITTERATI CLUB

**LEVE SPLASH QUEEN ATÉ SPLASH MEOW,
SEGUINDO O CAMINHO CORRETO PELO LABIRINTO.**

RESPOSTA NA PÁGINA 288

O CHARME FELINO DA KITTY QUEEN É ÚNICO!

AJUDE LIL QUEEN BEE A ENCONTRAR PUP BEE, PERCORRENDO O CAMINHO DE MAIOR SOMA.

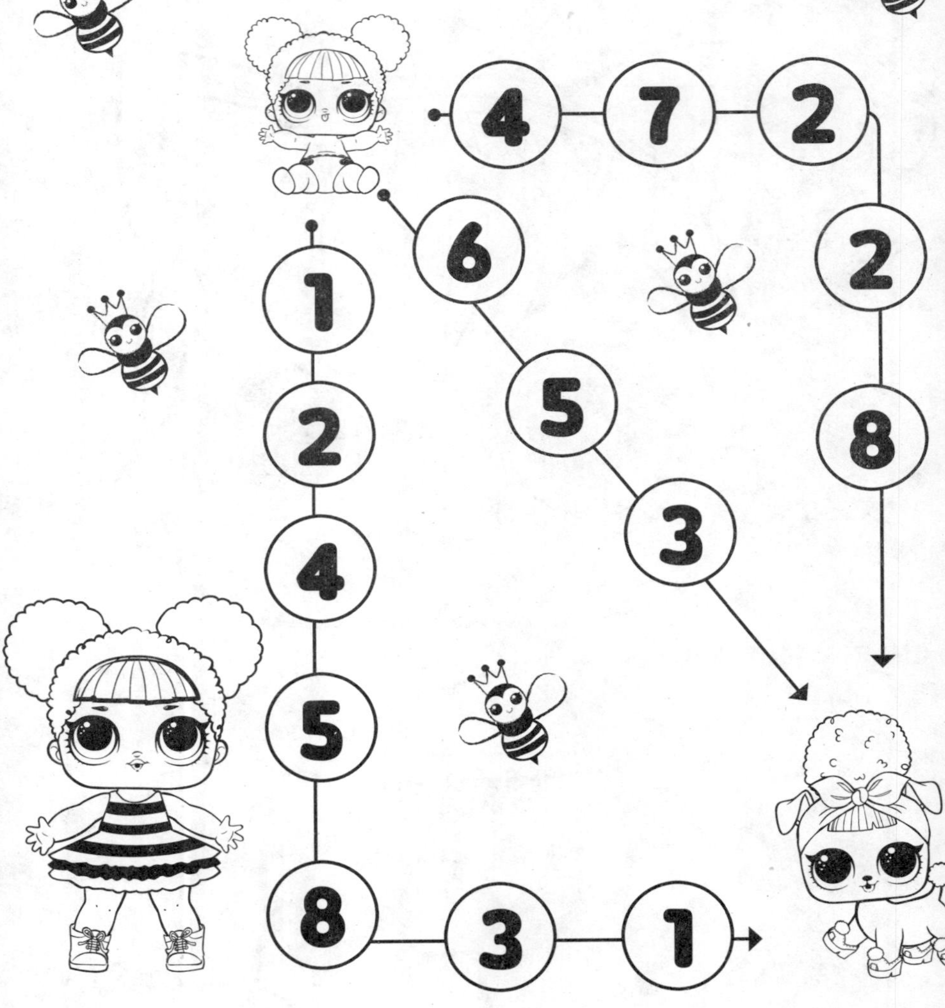

RESPOSTA NA PÁGINA 288

QUEEN BEE CHEGOU PARA FAZER UMA SURPRESA ESPECIAL A VOCÊ! VAMOS COLORIR ESTA RAINHA BRILHANTE?

GLITTER SERIES

NO MUNDO DE L.O.L. SURPRISE!, BRILHO NUNCA É DEMAIS. POR ISSO, AS BONECAS DA GLITTER SERIES CHEGAM AINDA MAIS CINTILANTES! VEJA COMO CENTER STAGE SE DESTACA NO PALCO.

	6	8
		3

VAMOS COMEÇAR A BRINCAR COM O QUADRADO MÁGICO. VOCÊ SÓ PRECISA PREENCHER OS QUADRADOS VAZIOS COM NUMERAIS DE 2 A 10, DE FORMA QUE TODAS AS COLUNAS E DIAGONAIS SOMEM 18.

RESPOSTA NA PÁGINA 288

VOCÊ É MESMO BOA COM OS NÚMEROS! SERÁ QUE TAMBÉM CONSEGUE CAPRICHAR, PINTANDO A PODEROSA QUEEN BEE?

EM SEGUIDA, COSMIC QUEEN CHEGA DE SUA VIAGEM INTERESTELAR. PARA DESCOBRIR QUAIS ESTRELAS ELA VISITOU, PINTE APENAS AS QUE CONTÊM LETRAS DO ALFABETO ENTRE F E S.

AGORA, RENOVE O VISUAL DESTA BONECA ESPACIAL, DANDO A ELA UM COLORIDO QUE SEJA A SUA CARA!

RESPOSTA NA PÁGINA 288

VAMOS PINTAR ESTA DUPLA DE BONECAS QUE SABE QUE NOSSAS DIFERENÇAS SÃO O QUE NOS TORNA ESPECIAIS!

FRESH

FANCY

A PRÓXIMA BONECA É A QUERIDINHA DE TODOS OS PROFESSORES DA ESCOLA. ELA PREPAROU UM ENIGMA MATEMÁTICO PARA VOCÊ! QUANTO VALE CADA SÍMBOLO?

RESPOSTA NA PÁGINA 288

VOCÊ TIROU NOTA DEZ! TEACHER'S PET ESTÁ ORGULHOSA. VAMOS PINTAR O SEU NOVO UNIFORME!

OBSERVE A POSE DE GOO-GOO QUEEN E LIL BABY GOO-GOO E ENCONTRE 6 DIFERENÇAS ENTRE ELAS.

RESPOSTA NA PÁGINA 288

DEPOIS DO ESTUDO, É HORA DA DIVERSÃO! QUER SABER O QUE M.C. SWAG ESTÁ OUVINDO? ENCONTRE AS PALAVRINHAS QUE CONTÊM SEIS LETRAS E ESCREVA-AS NOS QUADROS, SEGUINDO A ORDEM HORIZONTAL.

HÁLITO
TELEVISÃO
MAÇÃ
CACHOS
CALÇA
BORBOLETA
PISCAR
FERIADO
FERVOR
CAIXOTE
DESFILE
PHILIP
PAPEAR
TAMBORIM
CADERNO

RESPOSTAS NA PÁGINA 288

GLITTER SERIES

JÁ NAS QUADRAS, UMA DESTAS BONECAS TEM UM BRILHO ESPECIAL. EM CADA UM DOS CONJUNTOS ABAIXO, APENAS UMA LETRA NÃO SE REPETE NAS PALAVRAS. CIRCULE-AS E ORDENE-AS, SEGUINDO O SENTIDO DAS SETAS.

LEIA
DELA
LAIA

FUGA
GOLA
FOGO

PANO
POLO
LAPA

ROCK
CORA
ARCO

DICA: A PALAVRA QUE SE FORMAR SERÁ UM MOVIMENTO DO BASQUETE QUE TAMBÉM É CONHECIDO COMO "ENTERRADA"!

"BELA JOGADA!", DISSE A **HOOPS MVP.** COMEMORE A VITÓRIA NESTA PARTIDA DANDO LINDAS CORES À CAMPEÃ!

RESPOSTA NA PÁGINA 288

FANCY E FRESH SABEM CONVIVER BEM COM AS DIFERENÇAS. COMPLETE OS ESPAÇOS COM OS SINAIS DE IGUAL (=) OU DIFERENTE (≠).

UMA DÚZIA DE CANETAS

☐

DOZE CANETAS

O TEMPO QUE SE LEVA PARA COZINHAR UM OVO

☐

O TEMPO QUE SE LEVA PARA ASSAR UM BOLO

A DISTÂNCIA ENTRE A TERRA E A LUA

☐

A DISTÂNCIA ENTRE A TERRA E O SOL

ESTAR CONTENTE

☐

ESTAR ALEGRE

METADE DE UMA PIZZA

☐

1/2 DE UMA PIZZA

O VALOR DE UM CARRO

☐

O VALOR DE UM CADERNO

RESPOSTAS NA PÁGINA 288

O SEU ÚLTIMO DESAFIO SERÁ ENCONTRAR ABAIXO A ÚNICA DIVA QUE É IDÊNTICA À ORIGINAL. AFINAL, SÓ PODE HAVER UMA DELA!

DIVA QUER QUE VOCÊ DÊ A ELA TODAS AS CORES E O BRILHO QUE ELA MERECE!

RESPOSTA NA PÁGINA 288

PINTE A ILUSTRAÇÃO COM AS SUAS CORES PREFERIDAS.

COMPLETE O DESENHO DO TEACHER'S PET À DIREITA.

QUANDO AS BONECAS DO THEATER CLUB SE REÚNEM, O SHOW NUNCA PARA! BABYCAT ESPALHA SEU JEITINHO FELINO POR TODOS OS CANTOS DO PALCO!

QUANTAS PALAVRAS VOCÊ CONSEGUE FORMAR COM AS LETRAS DE "ENCANTOS DO MAR"?

EXEMPLO: MARÉ

COLOQUE AS SÍLABAS COM NUMERAIS PARES EM ORDEM PARA DESCOBRIR O NOME DO PET DA UNICORN.

1 U

3 PO

4 NY

2 NI

RESPOSTA

___ ___ ___ ___ ___ ___ ___

RESPOSTA NA PÁGINA 288

JÁ SUPER B.B. ESTÁ SEMPRE ATENTA PARA SALVAR O DIA EM GRANDE ESTILO!

ESTA SUPERBONECA TEM UM DESAFIO PELA FRENTE, MAS PRECISA DE AJUDA! JOGUE COM UMA AMIGA, UNINDO DOIS PONTOS DE CADA VEZ PARA FORMAR QUADRADOS. QUEM FORMAR MAIS, GANHA.

GENIE NÃO É MENOS ADORÁVEL! DE UM JEITO MÁGICO, ELA SEMPRE ATRAI ELOGIOS DO PÚBLICO!

COMO NUM PASSE DE MÁGICA, FAÇA SURGIR UM NOVO LOOK INCRÍVEL PARA ESTA BONECA.

PRANKSTA GOSTA MESMO É DE FAZER A PLATEIA CAIR NO RISO! DÊ A ELA LINDAS CORES!

THEATER CLUB

VAMOS PARTICIPAR DESTE ESPETÁCULO?
PRANKSTA DEIXOU ALGUMAS ADIVINHAÇÕES
PARA VOCÊ SE DIVERTIR COM SEUS AMIGOS!

1 – O QUE É, O QUE É?
NÃO SE COME, MAS É BOM PARA SE COMER?

2 – O QUE É, O QUE É?
MESMO ATRAVESSANDO O RIO, NÃO SE MOLHA?

3 – O QUE É, O QUE É?
ESTÁ SEMPRE NO MEIO DA RUA E DE PERNAS PARA O AR?

4 – O QUE É, O QUE É?
O NADADOR FAZ PARA BATER O RECORDE.

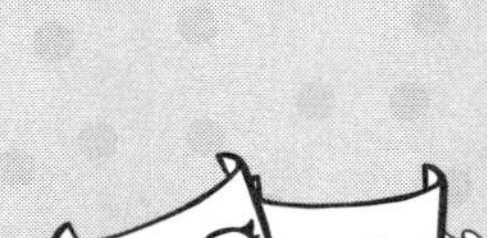

RESPOSTAS NA PÁGINA 288

ALOHA! COM CRIATIVIDADE E SIMPATIA, **COCONUT Q.T.** TRAZ O ENCANTO DOS LUAIS HAVAIANOS AO PÚBLICO.

VOCÊ SABIA QUE LUAU É UMA FESTA TÍPICA DO HAVAÍ? COMPLETE A CRUZADINHA COM AS LETRAS QUE FALTAM PARA CONHECER ALGUNS TERMOS RELACIONADOS A ESTA COMEMORAÇÃO ESPECIAL.

RESPOSTAS NA PÁGINA 288

PARA ANGEL, AMOR É AMOR! SIGA O LABIRINTO DENTRO DO CORAÇÃO PARA LEVÁ-LA ATÉ O PALCO.

RESPOSTA NA PÁGINA 288

A MITOLÓGICA **UNICORN** SEMPRE LEVA UMA PITADA DE MAGIA PARA TODOS OS CANTOS DO TEATRO!

BABY CAT E BABY DOG QUEREM SABER:
QUAL DESTAS RAÇAS NÃO FAZ PARTE DO CONJUNTO?

LHASA APSO

COCKER

ANGORÁ

PEQUINÊS

POODLE

LABRADOR

DOBERMANN

RESPOSTA NA PÁGINA 288

PHARAOH BABE ESPERA PELAS SUAS CORES!

ANGEL APRESENTOU SEU MAIS NOVO PET. SUBSTITUA CADA LETRA POR SUA ANTECESSORA E ESCREVA O NOME DELE.

BOHFM

___

XJOHT

___

RESPOSTA NA PÁGINA 288

THEATER CLUB

ENCONTRE 6 DIFERENÇAS ENTRE AS ILUSTRAÇÕES DESTE GRUPO DE AMIGAS!

RESPOSTAS NA PÁGINA 288

GENIE TROUXE UMA CHARADA E PRECISA DA SUA AJUDA PARA RESPONDÊ-LA. ESCOLHA A ALTERNATIVA CORRETA.

O GÊNIO ESTÁ PARA LÂMPADA, ASSIM COMO O SUCO ESTÁ PARA...

A) O SORVETE

B) A CAIXA

C) A JARRA

RESPOSTA NA PÁGINA 288

COCONUT Q.T. FOI MUITO ELOGIADA NO TEATRO! PARA AGRADECER OS ELOGIOS À IRMÃ, **LIL COCONUT Q.T.** FALOU EM HAVAIANO! SIGA OS FIOS E DESCUBRA COMO SE AGRADECE NESTE IDIOMA.

L
M
A
O
A
H

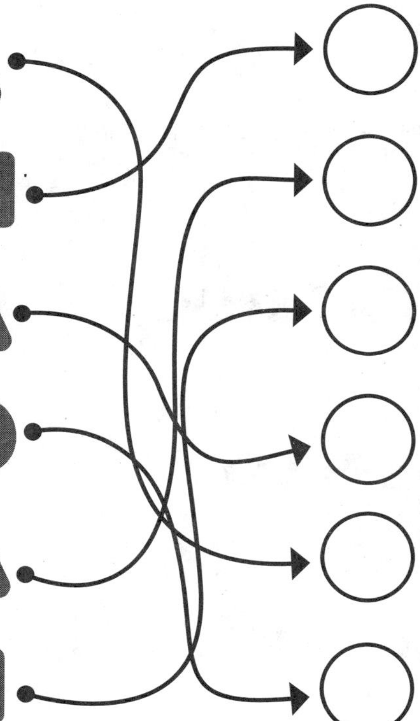

AJUDE **PHARAOH BABE** A ORGANIZAR O QUE DIZ ESTA MENSAGEM, NUMERANDO CADA PALAVRA EM ORDEM CRESCENTE.

◯ NINGUÉM ◯ COMO
◯ DANCE ◯ SE
◯ OLHANDO
◯ ESTIVESSE

RESPOSTAS NA PÁGINA 288

STORYBOOK CLUB

AS BONECAS DO **STORYBOOK CLUB** TAMBÉM ADORAM LIVROS! TESTE O SEU VOCABULÁRIO, LIGANDO AS PALAVRAS ABAIXO AOS SEUS SINÔNIMOS.

CONHECIMENTO	**ASTUTO**
PROBLEMA	**FURIOSO**
BRAVO	**SABEDORIA**
INTELIGENTE	**APLICADO**
DEDICADO	**REVÉS**

RESPOSTA NA PÁGINA 284

DESEMBARALHE AS LETRAS E DESCUBRA O TEMA DE UMA HISTÓRIA QUE **TINZ** ESTÁ LENDO PARA **LIL TINZ**.

M Z A A I

D E

RESPOSTA

____

RESPOSTA NA PÁGINA 288

NOS CONTOS DE FADAS, VOCÊ PODE SER QUEM QUISER. COMPLETE O TEXTO COM PALAVRAS QUE FORMEM UMA INCRÍVEL HISTÓRIA!

ERA UMA VEZ UMA ____________ QUE

VIVIA EM UM ___________________.

ELA ERA MUITO ________ E

GOSTAVA DE _______. CERTO DIA,

ALGO ESTRANHO ACONTECEU: ELA

ENCONTROU UM _____________

NA FLORESTA, QUE DISSE A ELA QUE

________________________.

ENTÃO, ELA DESCOBRIU QUE TINHA

SUPERPODERES E ERA CAPAZ DE

________________________!

COM ISSO, ELA CONSEGUIU SALVAR

A TODOS E SE TORNOU UMA

___________________.

HEARTBREAKER É A RAINHA MAIS ADORADA DO REINO, POIS É CONHECIDA POR PARTIR CORAÇÕES. PARA ELA, CAPRICHE COM AS CORES VERMELHA E PRETA.

RESPOSTA NA PÁGINA 288

STORYBOOK CLUB

CURIOUS Q.T. VIVE EM UM MUNDO ENCANTADO, ONDE HÁ MUITO A SER EXPLORADO! FAÇA A MÁGICA ACONTECER, DANDO CORES A ELA.

CADA CAPÍTULO DESTE LIVRO TRAZ UMA NOVA EMOÇÃO! AS PARTES MAIS LEGAIS ESTÃO NESTAS PÁGINAS, EXPRESSAS EM ALGARISMOS ROMANOS. ENCONTRE OS NUMERAIS CORRESPONDENTES NO QUADRO.

LXVI

XCI

XL

66	32	50	12	42
25	75	99	85	53
17	40	39	67	55
73	93	84	20	58
29	18	62	38	91

RESPOSTAS NA PÁGINA 288

STORYBOOK CLUB

HOPS ADORA CONTOS DE FADAS E SEMPRE TEM UMA HISTÓRIA PARA CONTAR. PINTE-A LOGO, POIS ELA ESTÁ ATRASADA!

PINTE APENAS AS LETRAS QUE APARECEM DENTRO DA PALAVRA "STORYBOOK" E DESCUBRA O NOME DESTA BONECA.

STORTYIBONOZK

RESPOSTA NA PÁGINA 288

ORDENE A FOTO DE BHADDIE MONKEY ABAIXO.

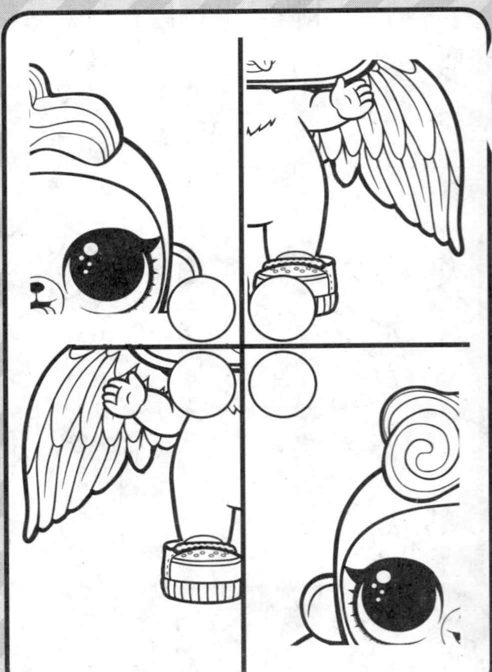

 RESPOSTAS NA PÁGINA 288

DEIXE BHADDIE AINDA MAIS IRADA, UTILIZANDO SUAS CORES PREFERIDAS PARA PINTÁ-LA.

QUAL DOS TRÊS CAMINHOS VAI LEVAR HOPS ATÉ SEU PET, HOPS KIT-TEA?

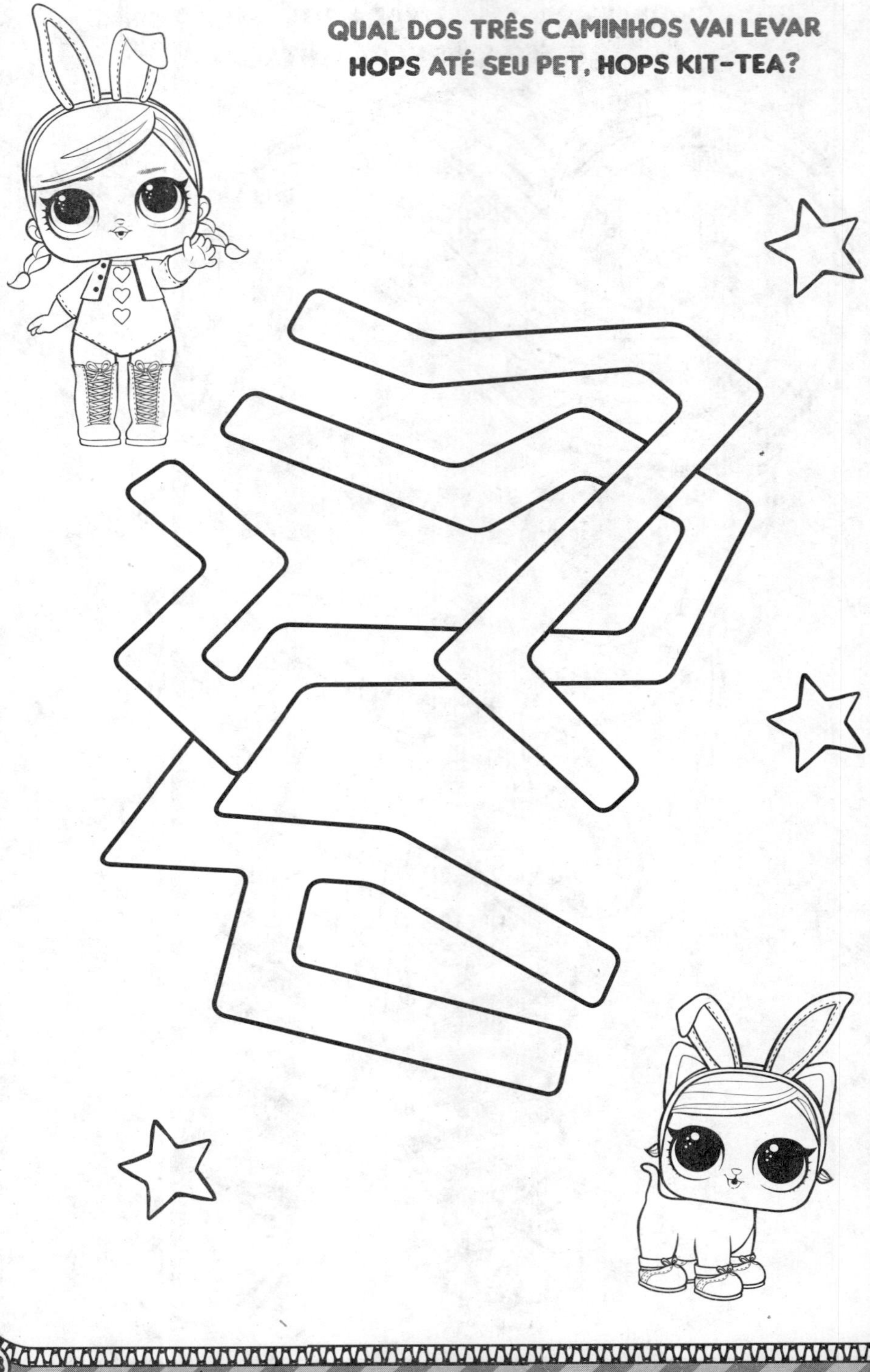

RESPOSTA NA PÁGINA 288

GOODIE FOI PASSEAR DURANTE A HISTÓRIA E, DE REPENTE, FEZ UMA CÓPIA DELA MESMA COM 7 DIFERENÇAS. FAÇA UM X EM TODAS QUE ENCONTRAR.

RESPOSTAS NA PÁGINA 288

TRANSFIRA HOPS, COPIANDO OS TRAÇOS DE CADA QUADRADINHO DO MODELO.

PINTE AS BONECAS COM CORES FORTES ANTES QUE ELAS QUEBREM MAIS CORAÇÕES.

SLEEPOVER CLUB

DEPOIS DE UMA BOA AVENTURA, É HORA DE DORMIR. AS BONECAS DO SLEEPOVER CLUB VÃO FAZER UMA FESTA DO PIJAMA! COMPLETE A CRUZADINHA COM AS PALAVRAS QUE FALTAM NAS FRASES.

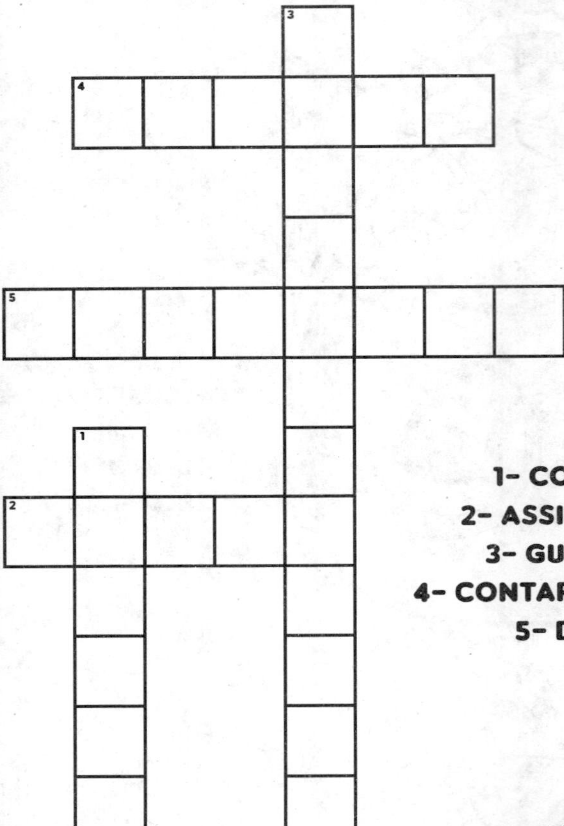

1- COMER ____________.
2- ASSISTIR A UM __________.
3- GUERRA DE __________.
4- CONTAR HISTÓRIAS DE _________.
5- DIVIDIR __________

SLEEPY BONES É FOFINHA ATÉ AO IR SE DEITAR. DÊ UM DESCANSO A ESTES OSSINHOS, DEIXANDO-A BEM COLORIDA!

RESPOSTAS NA PÁGINA 288

AJUDE **LE SKUNK** A DESCOBRIR QUANTAS VEZES AS VOGAIS DE SEU NOME SE REPETEM NO QUADRO.

A U O E A U O O

E E U E A I U

O U I A I U A E I

RESPOSTA: ____

RESPOSTA NA PÁGINA 288

JÁ **BABYDOLL** TEM VÁRIOS RITUAIS DE BELEZA ANTES DE DORMIR. SIGA A LINHA DO QUADRO **1** NO QUADRO **2** PARA DESCOBRIR UM HÁBITO INDISPENSÁVEL ÀS NOITES E MANHÃS!

1

E	B	A	T	R	S	E	N
S	C	O	M	P	T	E	S
J	A	R	V	C	N	E	I
U	D	F	A	H	B	D	A
L	J	U	R	O	S	H	T

2

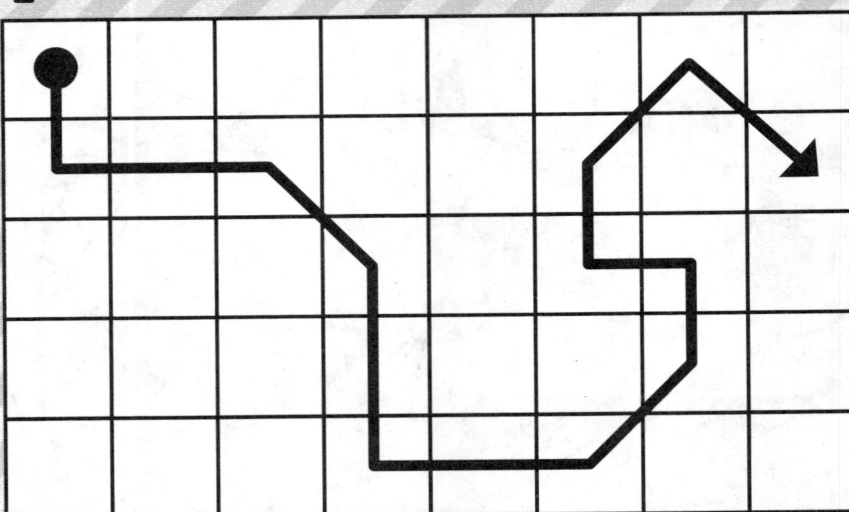

RESPOSTA NA PÁGINA 288

PARA BABYDOLL, DORMIR É MAIS QUE DESCANSAR... É CUIDAR DE SI MESMA! PINTE-A PARA QUE ELA TENHA UMA BOA NOITE DE SONO. ATÉ AMANHÃ!

LIGUE AS SOMBRAS IDÊNTICAS.

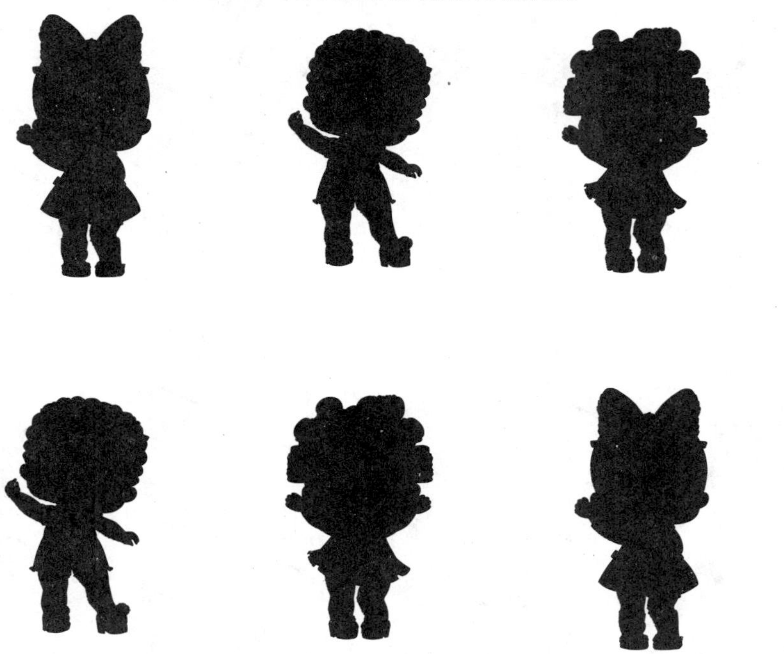

RESPOSTA NA PÁGINA 288

SLEEPY BONES PRECISA CHEGAR ATÉ **SLEEPY BUNS** ANTES QUE A FESTA ACABE. PARA ISSO, ENCONTRE O CAMINHO COM O MAIOR NÚMERO DE CONES.

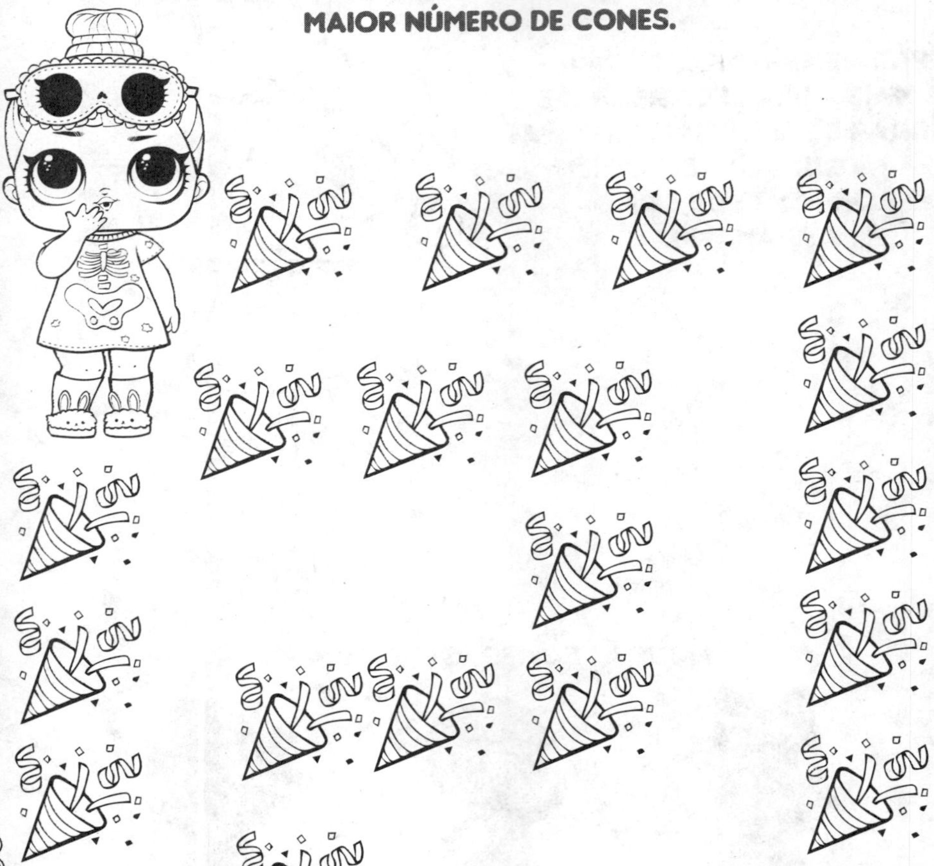

RESPOSTA NA PÁGINA 288

ENCONTRE OITO DIFERENÇAS ENTRE AS ILUSTRAÇÕES DA SLEEPING B.B.

RESPOSTAS NA PÁGINA 289

SNOW ANGEL DÁ UM JEITO DE CONTINUAR FASHION ATÉ NOS DIAS MAIS CONGELANTES! DÊ CORES SUAVES AO SEU VISUAL.

BABE IN THE WOODS E LIL BABE IN THE WOODS PRECISAM SE ESQUENTAR. CIRCULE AS PEÇAS DE ROUPAS IDEAIS PARA AQUECÊ-LAS.

SAIA

CACHECOL

BIQUÍNI

VESTIDO

LUVAS

TOUCA

JAQUETA

CALÇAS

MEIAS

RESPOSTA NA PÁGINA 289

CHILL OUT CLUB

PARECE QUE O TEMPO ESFRIOU... JÁ CHEGARAM AS BONECAS DO **CHILL OUT CLUB**. LIGUE CADA ESTAÇÃO DO ANO ÀS SUAS PRINCIPAIS CARACTERÍSTICAS.

AS FOLHAS DAS ÁRVORES CAEM, OS DIAS SÃO MAIS FRESCOS E AS FRUTAS FICAM DELICIOSAS!	**VERÃO**
A TEMPERATURA FICA BAIXA, HÁ NEVE EM ALGUMAS PARTES DO MUNDO E AS NOITES FICAM MAIS LONGAS QUE OS DIAS.	**PRIMAVERA**
É CONHECIDA COMO "ESTAÇÃO DAS FLORES". A TEMPERATURA FICA AGRADÁVEL E PODEM-SE OBSERVAR LINDAS PAISAGENS!	**INVERNO**
O CALOR É INTENSO E OS DIAS SÃO MAIS LONGOS, PERFEITOS PARA CURTIR A PRAIA!	**OUTONO**

RESPOSTAS NA PÁGINA 289

VOCÊ SABIA QUE CADA FLOCO DE NEVE TEM UM FORMATO ÚNICO? ENTRE TODAS AS FORMAS ABAIXO, QUANTOS TRIÂNGULOS VOCÊ PODE ENCONTRAR?

RESPOSTA: ________

O QUE COZY BABE MAIS GOSTA NO INVERNO SÃO O CHOCOLATE QUENTE, OS SUÉTERES FOFOS E O FRIOZINHO ACONCHEGANTE.

RESPOSTA NA PÁGINA 289

CHILL OUT CLUB

LEVE COZY BABE ATÉ COZY KITTY, SEGUINDO O CAMINHO CORRETO PELO LABIRINTO.

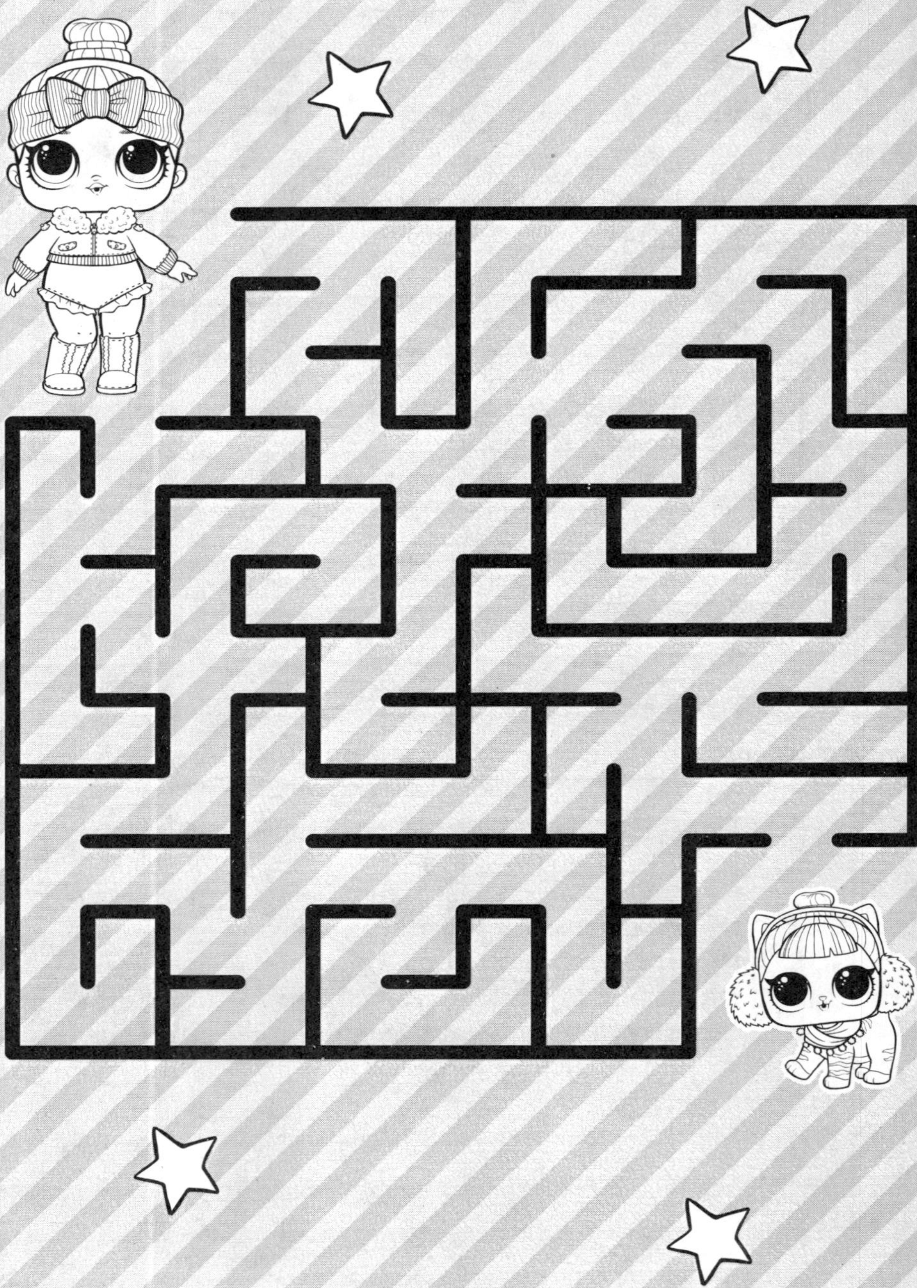

RESPOSTA NA PÁGINA 289

ENQUANTO ISSO, **BRRR B.B.** PREFERE FICAR EM CASA DEBAIXO DAS COBERTAS, ASSISTINDO A UM BOM FILME. USE SUA IMAGINAÇÃO PARA DESENHAR A OUTRA METADE DESTA BONECA!

POSH GOSTA DE MOSTRAR TODA A SUA ELEGÂNCIA PATINANDO NO GELO. ELA FAZ ATÉ OS PATINS PARECEREM UM ACESSÓRIO DA MODA!

DESVENDE A MENSAGEM SECRETA E DESCUBRA O NOME DESTA BONECA.

RESPOSTA

____

DEIXE O VISUAL DE BRRR B.B. AINDA MAIS ELEGANTE, PINTANDO-A COM CORES VIBRANTES.

RESPOSTA NA PÁGINA 289

QUAL PARTE DA **BIG CITY B.B.** É A MESMA QUE APARECE EM DESTAQUE?

A.

B.
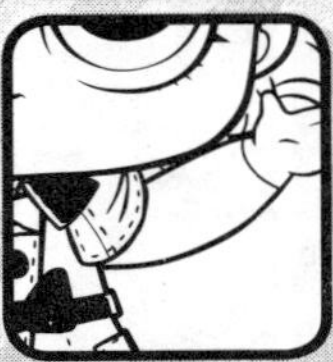

C.

D.

RESPOSTA NA PÁGINA 289

CHILL OUT CLUB

SNOW ANGEL E SNOW BUNNY ADORAM BRINCAR COM FLOCOS DE NEVE! SOMENTE UM DELES É DIFERENTE DOS DEMAIS NESTA PÁGINA. CIRCULE-O QUANDO ENCONTRÁ-LO.

RESPOSTA NA PÁGINA 289

CONTE E RESPONDA QUANTAS VEZES APARECE A PALAVRA "FRIO" NA ESPIRAL.

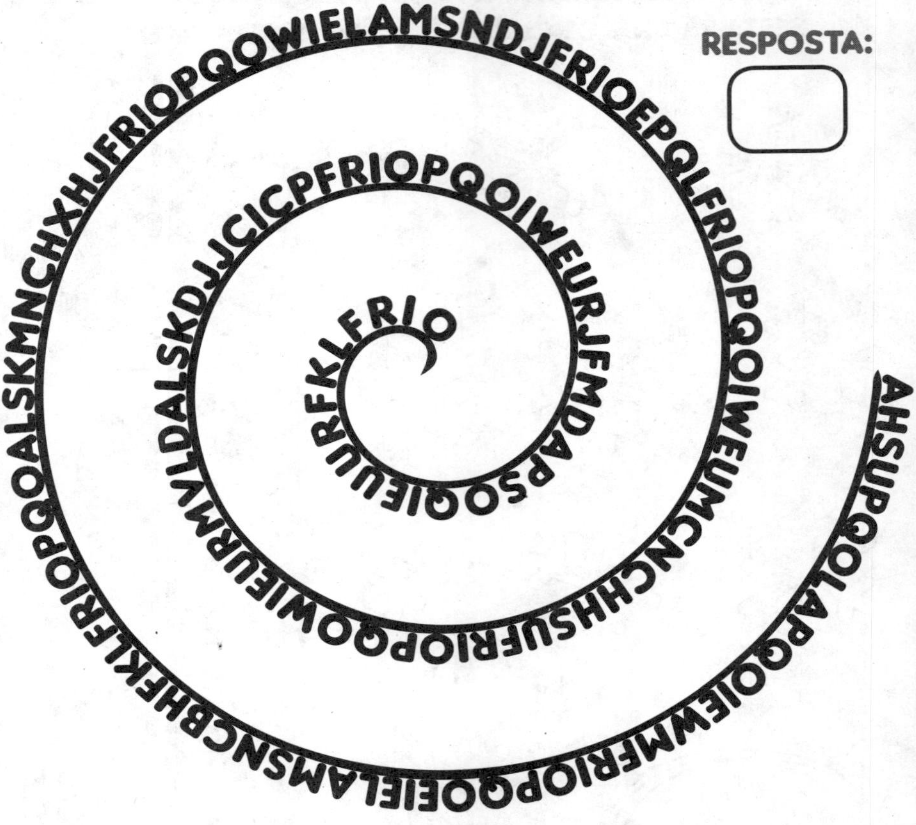

RESPOSTA:

PINTE APENAS AS LETRAS QUE FORMAM **"CHILL OUT"**.

RESPOSTAS NA PÁGINA 289

CHILL OUT CLUB

ENCONTRE A SAÍDA DO LABIRINTO, SEGUINDO AS LETRAS DA PALAVRA "INVERNO".

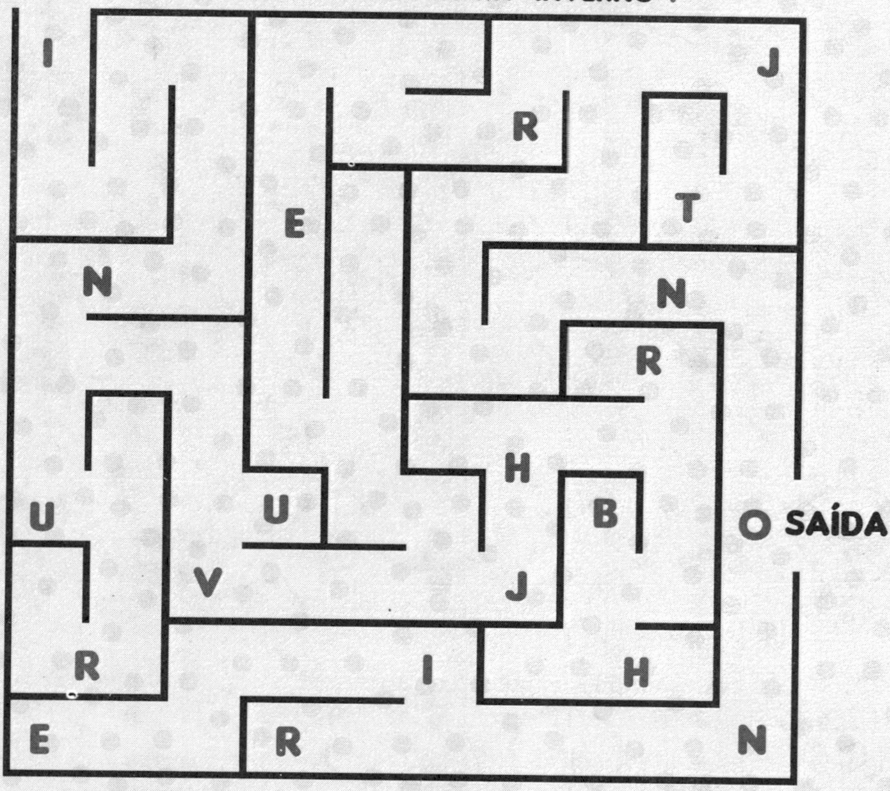

PINTE COZY BABE, DE ACORDO COM AS CORES DA LEGENDA.

1- ROSA-CLARO

2- VERDE

3- ROSA-ESCURO

RESPOSTA NA PÁGINA 289

CHILL OUT CLUB

SEGUINDO A SEQUÊNCIA LÓGICA, QUAL É O RESULTADO DA ÚLTIMA CONTINHA?

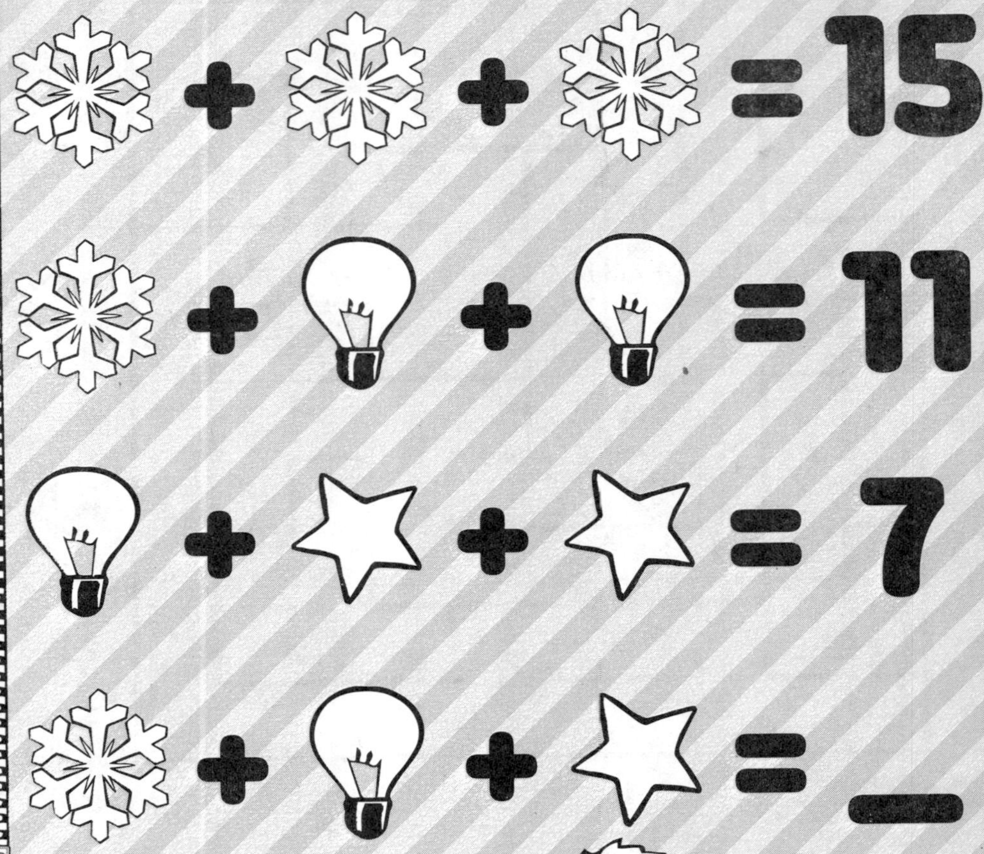

RESPOSTA NA PÁGINA 289

BABE IN THE WOODS E PUP IN THE WOODS ADORAM BRINCAR A TEMPERATURAS ABAIXO DE ZERO!

COMPLETE O DIAGRAMA, SEGUINDO AS DICAS DE CADA NÚMERO.

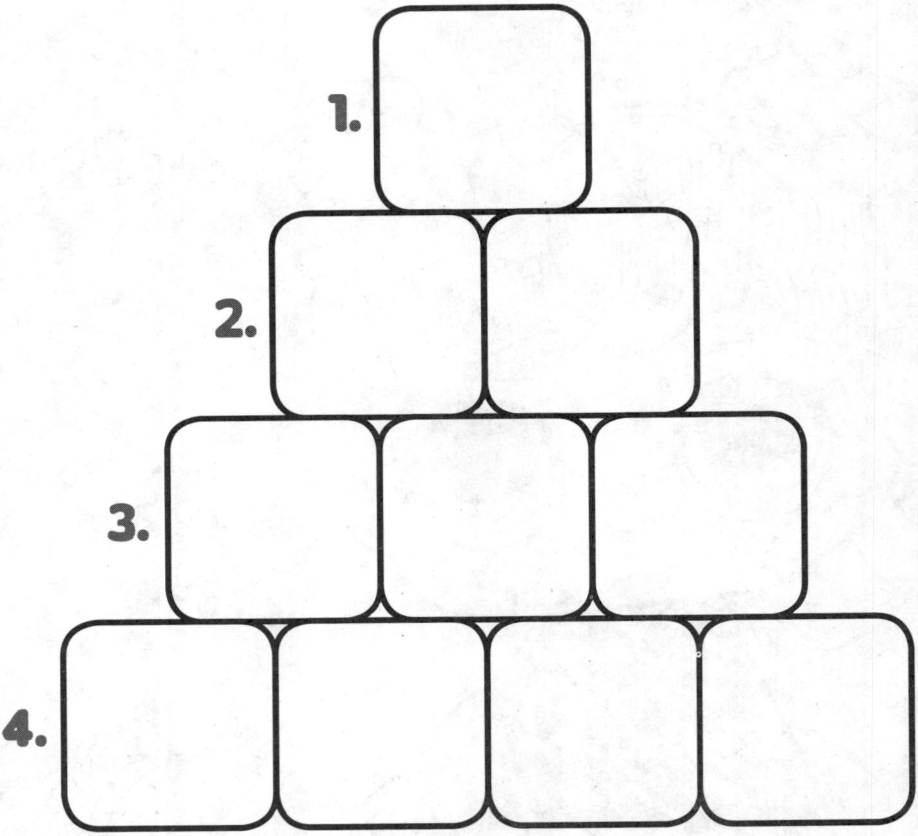

1. PRIMEIRA LETRA DO ALFABETO
2. OPOSTO DE LÁ
3. MORADIA DO ÍNDIO
4. ANIMAL

RESPOSTAS NA PÁGINA 289

DESVENDE A CHARADA ABAIXO, ESCOLHENDO A ALTERNATIVA CORRETA.

O CHUVEIRO ESTÁ PARA O BANHEIRO ASSIM COMO A CAMA ESTÁ PARA:

A) A COZINHA
B) O QUARTO
C) A SALA

ESCOLHA A ALTERNATIVA QUE APRESENTA O CONJUNTO COM TODAS AS LETRAS DA ESTAÇÃO DO ANO PREFERIDA DA **SNOW ANGEL.**

A I V E N O R M

B I V E R O O O N

C E N V O I R I N

RESPOSTAS NA PÁGINA 289

CHILL OUT CLUB

QUANTAS VEZES O PET SNOW BUNNY APARECE NO QUADRO?

RESPOSTA

RESPOSTA NA PÁGINA 289

LIGUE CADA CONJUNTO AO NUMERAL CORRESPONDENTE.

4

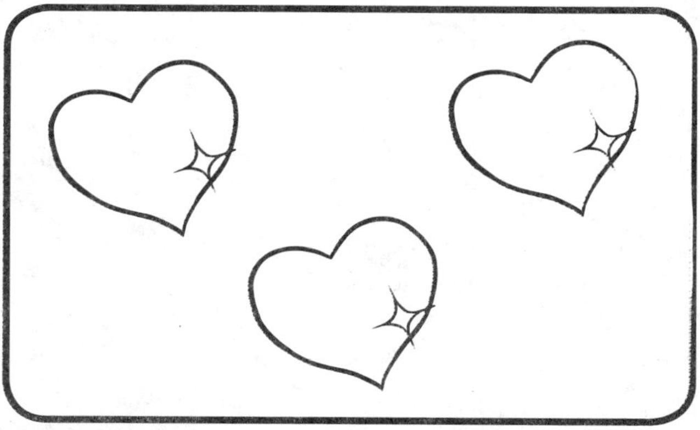

3

6

RESPOSTAS NA PÁGINA 289

DANCE CLUB

É HORA DE SEGUIR O EMBALO DAS BONECAS DESTE INCRÍVEL CLUBE!

DANCE CLUB

SIS SWING, DO DANCE CLUB, É UMA VERDADEIRA ESTRELA DA DANÇA! COM SEUS PASSOS INCRÍVEIS, ELA VENCE VÁRIAS COMPETIÇÕES!

DANCE CLUB

ENCONTRE, NO CAÇA-PALAVRAS, ALGUNS DOS ESTILOS DE DANÇA MAIS PRATICADOS NO MUNDO:

- JAZZ
- SALSA
- BALÉ
- TANGO
- FLAMENCO
- SAMBA
- SAPATEADO

H	F	F	R	C	R	T	E			
Y	L	U	S	A	B	C	R			
R	A	M	Y	A	A	I	É	A	M	U
Q	M	H	M	Z	M	O	Y	C	D	T
A	E	O	J	Q	U	B	Q	D	I	A
N	N	P	E	K	A	J	A	T	A	N
É	C	Q	V	U	B	A	L	É	W	G
K	O	A	E	W	V	Z	C	I	P	O
I	N	C	I	Q	Y	Z	V	P	C	P
O	S	A	L	S	A	R	A	L	M	O
P	U	O	D	A	E	T	A	P	A	S

RESPOSTAS NA PÁGINA 289

DANCE CLUB

ENQUANTO ESTA BONECA TREINA SEUS PASSOS DE DANÇA, ENCONTRE 5 DIFERENÇAS ENTRE AS FIGURAS.

RESPOSTAS NA PÁGINA 289

ENCONTRE QUATRO DIFERENÇAS NA LINE DANCER À DIREITA.

NUMERE A LIL LINE DANCER, DA MENOR PARA A MAIOR.

RESPOSTAS NA PÁGINA 289

USE SEUS
LÁPIS DE COR
MAIS BONITOS
PARA PINTAR
CENTER STAGE E
LIL CENTER STAGE.

DANCE CLUB

ESCREVA QUANTAS PALAVRAS CONSEGUIR COM AS LETRAS DE

"DANCE COMO SE NÃO HOUVESSE AMANHÃ".

EXEMPLO: CENA

COMPLETE A CRUZADINHA COM ALGUNS PASSOS DE BALÉ CLÁSSICO.

PLIÉ
TENDU
JETÉ
ADAGIO

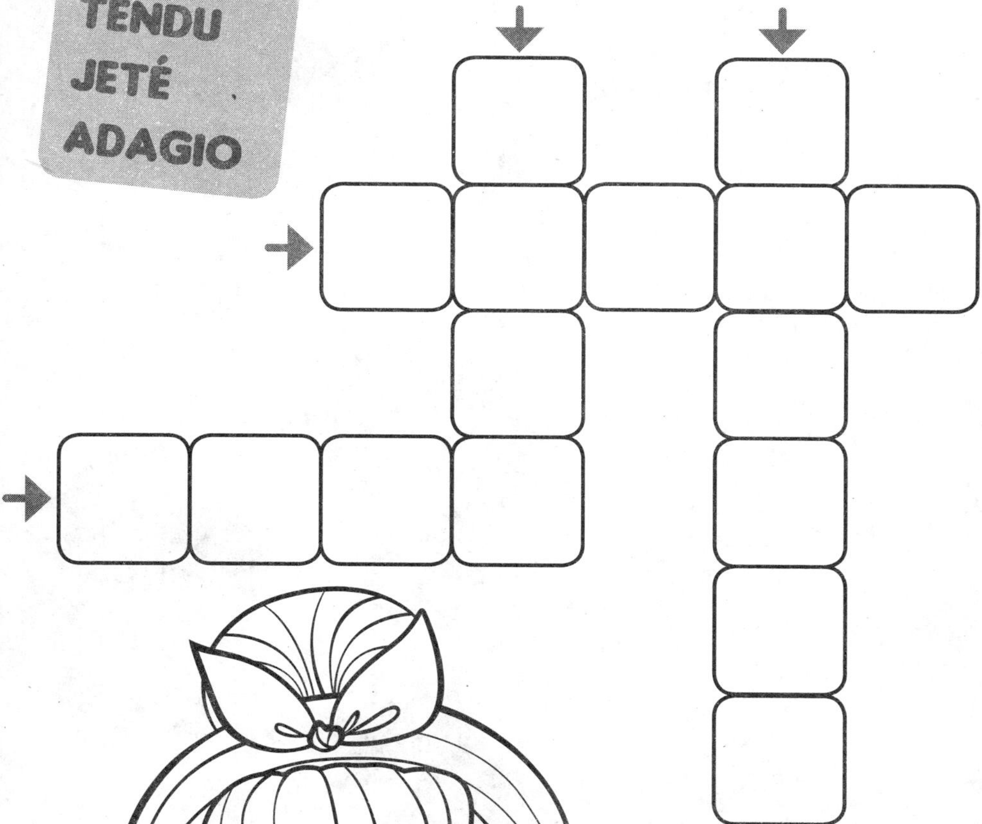

RESPOSTAS NA PÁGINA 289

ENCONTRE A SOMBRA DA PUP SWING.

RESPOSTAS NA PÁGINA 289

QUANTAS VEZES O NOME "STAGE OWL" APARECE NO QUADRO? CONTE E RESPONDA.

STAGE OWL
STAGE OWL
STAGE OWL
STAGE OWL
STAGE OWL
STAGE OWL
STAGE OWL
STAGE OWL
STAGE OWL
STAGE OWL
STAGE OWL
STAGE OWL
STAGE OWL
STAGE OWL
STAGE OWL
STAGE OWL
STAGE OWL
STAGE OWL
STAGE OWL
STAGE OWL
STAGE OWL
STAGE OWL
STAGE OWL

RESPOSTA

____

CENTER STAGE E SUA LIL VÃO SE APRESENTAR, MAS NÃO SEM ANTES RECEBER UM COLORIDO BEM ESPECIAL!

RESPOSTAS NA PÁGINA 289

COLOQUE AS PALAVRAS EM ORDEM E DESCUBRA A MENSAGEM QUE A SIS SWING DEIXOU.

QUADRADO SEJA NÃO UM

LINE DANCER SEMPRE SURPREENDE COM PASSOS DE DANÇA PRA LÁ DE ORIGINAIS!

AS BEBÊS DESTE CLUBE ENCONTRAM SEMPRE A BATIDA PERFEITA PARA TODOS OS MOMENTOS!

É HORA DE USAR A CRIATIVIDADE! ESCREVA QUANTAS PALAVRAS CONSEGUIR COM AS LETRAS DE "VAMOS ARRASAR".

EXEMPLO: ASA

QUANDO O ASSUNTO É DANÇAR, O **HIP HOP CLUB** TAMBÉM ARRASA! **SHORTY** ESBANJA PERSONALIDADE QUANDO SE EMPOLGA COM A DANÇA DE RUA!

HIP HOP CLUB

HONEY BUN TAMBÉM ENCONTRA NA DANÇA UMA MANEIRA DE SE EXPRESSAR E INCENTIVA SUAS AMIGAS DO **HIP HOP CLUB** A FAZEREM O MESMO!

HONEY BUN PRECISA PRATICAR BASTANTE ATÉ ATINGIR A PERFEIÇÃO EM SEUS PASSOS! LEVE-A PELO CAMINHO DA DANÇA, SEGUINDO A OPÇÃO MAIS LONGA.

RESPOSTAS NA PÁGINA 289

HIP HOP CLUB

QUANDO **BEATS** APARECE NO CLUBE, SUAS BATIDAS NÃO DEIXAM NINGUÉM PARADO! SUA VIDA É UMA TRILHA SONORA EMPOLGANTE!

AS HABILIDADES MUSICAIS DE **BEATS** VÃO LEVÁ-LA AO ESTRELATO! QUANTAS ESTRELAS EXISTEM NESTA PÁGINA? CONTE-AS E ESCREVA A RESPOSTA NO ESPAÇO INDICADO.

RESPOSTA

RESPOSTA NA PÁGINA 289

D.J. ESTÁ COLOCANDO TODO MUNDO PARA DANÇAR!

NUMERE AS FIGURAS DE D.J. K9, DA MENOR PARA A MAIOR.

RESPOSTAS NA PÁGINA 289

HIP HOP CLUB

PARA QUE **HONEY BUN** ENSAIE NOVOS PASSOS, ELA PRECISA DE VOCÊ! DESENHE A OUTRA METADE DESTA BONECA.

AJUDE LIL SHORTY A CONTAR QUANTAS NOTAS MUSICAIS APARECEM PRÓXIMAS A ELA E ESCREVA O RESULTADO NO ESPAÇO INDICADO.

RESPOSTA

VAMOS PINTAR SHORTY COM AS CORES DA LEGENDA?

1- AMARELA
2- VERMELHA
3- AZUL

RESPOSTA NA PÁGINA 289

DEIXE **BEATS** AINDA MAIS ANIMADA, ENCONTRANDO AS COORDENADAS EM DESTAQUE.

3-C

______

______

______

RESPOSTAS NA PÁGINA 289

ENCONTRE A SOMBRA IDÊNTICA À **HONEY BUN.**

J N U V R Y
N L C D G E
H W N
C B F
S U

QUAL É O NOME DELE? PINTE TODAS AS LETRAS QUE FORMAM O NOME "**BUNNY HUN**".

RESPOSTAS NA PÁGINA 289

CHEEKY BABE ESTÁ PRONTA PARA A PRÓXIMA APRESENTAÇÃO DA NOITE! QUAIS CORES VOCÊ VAI DAR A ELA ANTES DO SHOW?

ROCK CLUB

O SHOW JÁ COMEÇOU! LIGUE CADA BONECA AO SEU CLUBE.

PUNK BOI

COMUM

GRUNGE GRRRL

POUCO COMUM

FUNK Q.T.

ULTRA-RARO

RESPOSTAS NA PÁGINA 289

ESTE CLUBE CONTA COM REPRESENTANTES QUE ADORAM ESTAR SOB OS HOLOFOTES! GRUNGE GRRRL, SEM DÚVIDA, É UMA DELAS.

QUAL PARTE AMPLIADA NÃO PERTENCE AO GRUNGE SKUNNNK?

RESPOSTA NA PÁGINA 289

AJUDE LIL PUNK BOI A ENCONTRAR PUNK HOG ESCONDIDO ENTRE AS GUITARRAS. ASSIM QUE ENCONTRÁ-LO, CIRCULE-O.

NO ROCK CLUB, OS GAROTOS TAMBÉM TÊM VEZ! PUNK BOY AGITA A TURMA COMO NINGUÉM!

RESPOSTA NA PÁGINA 289

ROCK CLUB

ENCONTRE 6 DIFERENÇAS NO **FUNKY CAT** À DIREITA.

FUNKY Q.T. ADORA APERFEIÇOAR SUAS HABILIDADES COM MUITO TREINO!

RESPOSTAS NA PÁGINA 289

ROCK CLUB

GRUNGE GRRRL E LIL GRUNGE GRRRL ADORAM ESTAR SOB OS HOLOFOTES!

AJUDE **FUNKY Q.T.** A ENCONTRAR SUA IRMÃZINHA, ESCOLHENDO O CAMINHO DO LABIRINTO QUE A LEVA ATÉ A LIL.

RESPOSTA NA PÁGINA 289

ROCK CLUB

OBSERVE O DESENHO E INDIQUE AS COORDENADAS DESTACADAS EM CADA PARTE.

4-F

______

______

______

ESCREVA O NOME DESTA **L.O.L. SURPRISE!**, CIRCULANDO AS LETRAS ESCONDIDAS DENTRO DA PALAVRA "**ROCK**".

RCHOECEKRKYOCK

ROBCKAROBCKE

RESPOSTA

______

RESPOSTAS NA PÁGINA 289

PINTE **THRILLA** COM CORES FORTES.

VAMOS JOGAR O JOGO DA VELHA COM THRILLA E LIL THRILLA!

AJUDE LIL BEBÉ BONITO A LIGAR OS PONTOS E COMPLETAR O CUERVO BONITO.

284 **PINTE TODAS AS LETRAS QUE FORMAM O NOME "COUNTESS" COM A COR VERMELHA.**

  RESPOSTA NA PÁGINA 289

DESVENDE O CÓDIGO E COMPLETE O QUE A BONECA ULTRA-RARA **BEBÉ BONITA** DISSE. **"FIESTA COMO SE NÃO HOUVESSE..."**

A	H	M	N
1	2	3	4

_ _ _ _ _ _ !

(~ sobre o último espaço)

1 3 1 4 2 1

RESPOSTA NA PÁGINA 289

ESTA SUPERBONECA TEM UM DESAFIO PELA FRENTE, MAS PRECISA DE AJUDA! JOGUE COM UMA AMIGA, UNINDO DOIS PONTOS DE CADA VEZ PARA FORMAR QUADRADOS. QUEM FORMAR MAIS, GANHA.

COUNTESS É ASSUSTADORAMENTE FANTÁSTICA!

DESEMBARALHE AS LETRAS E DESCUBRA QUAL É A RARIDADE DE WITCHAY KITTAY.

UPCO MC O OU M

RESPOSTA

____

____

WITCHAY BABAY E SUA IRMÃZINHA ESTÃO PRONTAS PARA ASSUSTAR!

RESPOSTA NA PÁGINA 289

ESCREVA QUANTAS PALAVRAS CONSEGUIR COM AS LETRAS DE

"NOITE ASSUSTADORA".

EXEMPLO: SUSTO

SHAPES VEIO CHAMAR VOCÊ PARA LIBERAR A CRIATIVIDADE COM AS BONECAS DESTE CLUBE!

SHAPES QUER TE APRESENTAR UM NOVO AMIGO! SIGA OS FIOS E DESCUBRA O NOME DELE.

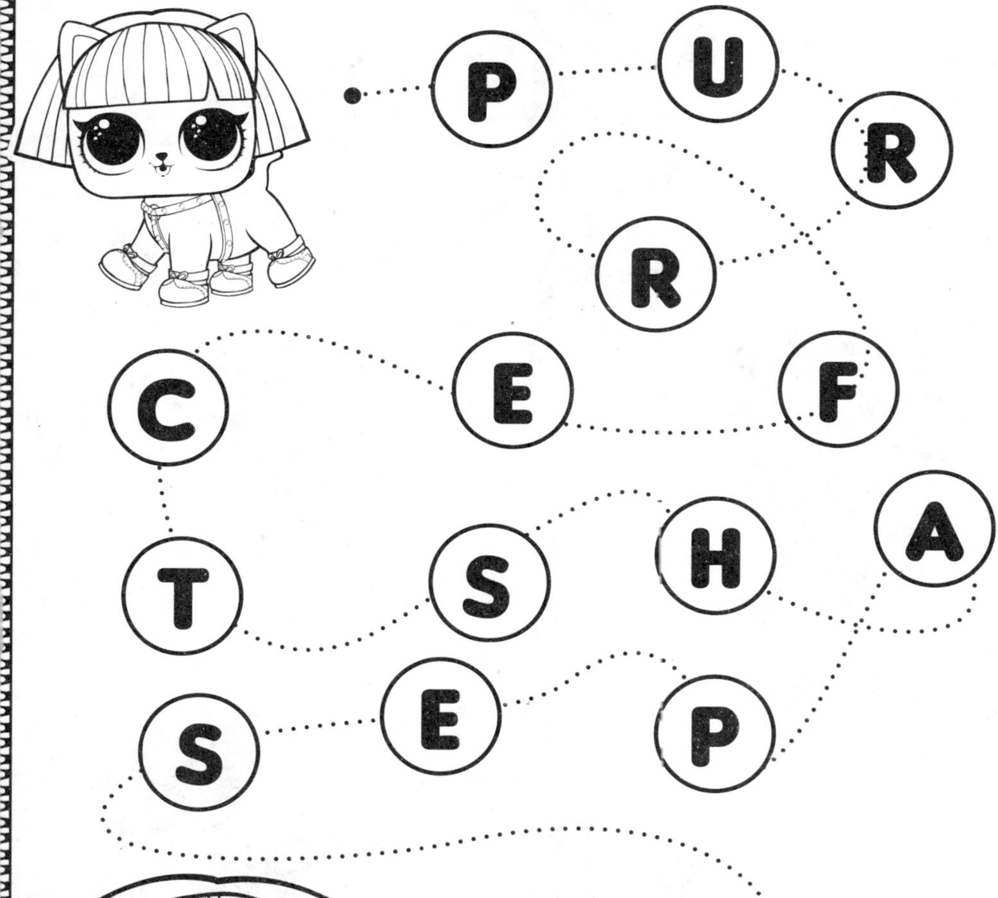

RESPOSTA NA PÁGINA 289

ENCONTRE E CIRCULE A ÚNICA SOMBRA DIFERENTE DA SCRIBBLES EM DESTAQUE.

A

B

D

C

RESPOSTA NA PÁGINA 289

POP HEART APARECEU EM DOSE DUPLA! ENCONTRE E ASSINALE SETE DIFERENÇAS ENTRE ELAS.

DESEMBARALHE AS LETRAS E DESCUBRA O NOME DE 4 INTEGRANTES DO **ART CLUB**.

SERIBSLCB

PPO AEHRT

EHAPSS

TPLETSARS

RESPOSTAS NA PÁGINA 289

EAU DE SPLATTERS ESPERA PELA SUA CRIATIVIDADE. COPIE OS TRAÇOS DE TODOS OS QUADRADINHOS PARA REPLICÁ-LO!

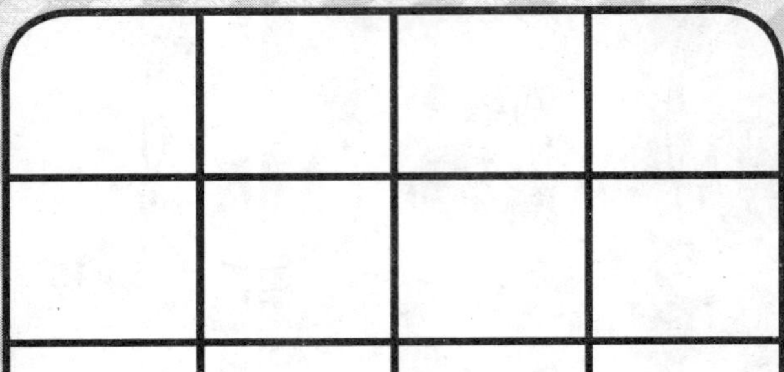

SPLATTERS ESTÁ PROCURANDO SUA IRMÃZINHA PARA TERMINAREM UMA OBRA DE ARTE. LEVE-A ATÉ LIL SPLATTERS, PERCORRENDO O LABIRINTO.

RESPOSTA NA PÁGINA 289

SHAPES CONTA COM A SUA AJUDA PARA PINTÁ-LA COM AS CORES INDICADAS NO QUADRO.

MARROM
AMARELO
AZUL
VERMELHO

PINTE TODAS AS LETRAS QUE FORMAM O NOME "SCRIBBLES".

RESPOSTA NA PÁGINA 289

VAMOS DEIXAR A **POP HEART** E A SUA IRMÃZINHA BEM COLORIDAS?

VACAY BABAY ESTÁ ANSIOSA PARA CURTIR O PERÍODO MAIS ANIMADO DO ANO. DESEMBARALHE AS LETRAS E DESCUBRA QUAL É.

É I

A

F

S R

RESPOSTA

____

RESPOSTA NA PÁGINA 289

RIP TIDE E **HAMMY TIDE** SEMPRE CURTEM O VERÃO DE MANEIRA ESTILOSA!

ENQUANTO ESTAS AMIGAS SE PREPARAM PARA NADAR, ENCONTRE 5 DIFERENÇAS ENTRE AS POSES.

RESPOSTAS NA PÁGINA 289

WAVES É APAIXONADA PELO MAR! QUE TAL PINTÁ-LA COM TONS AZUIS?

SWIM CLUB

SPF Q.T. ESTÁ PRONTA PARA CURTIR A PRAIA. ENCONTRE E FAÇA UM X NOS ITENS QUE ELA PRECISA LEVAR.

MEIA-CALÇA

CANETA

LUVAS

MAIÔ

ÁGUA

SAPATO

ÓCULOS DE SOL

PROTETOR SOLAR

RESPOSTAS NA PÁGINA 289

AJUDE A LIL SPF Q.T., CIRCULANDO A ESTRELA MAIOR, FAZENDO UM X NA MENOR E RESPONDENDO QUANTAS SOBRARAM.

SOBRARAM:

____

RESPOSTA NA PÁGINA 290

WAVES TROUXE UM DESAFIO: COMPLETE A CRUZADINHA COM OS TIPOS DE NADO DO QUADRO.

RESPOSTA NA PÁGINA 290

SWIM CLUB

QUAL PEDAÇO NÃO PERTENCE AO HAMMY TIDE? MARQUE-O QUANDO ENCONTRÁ-LO.

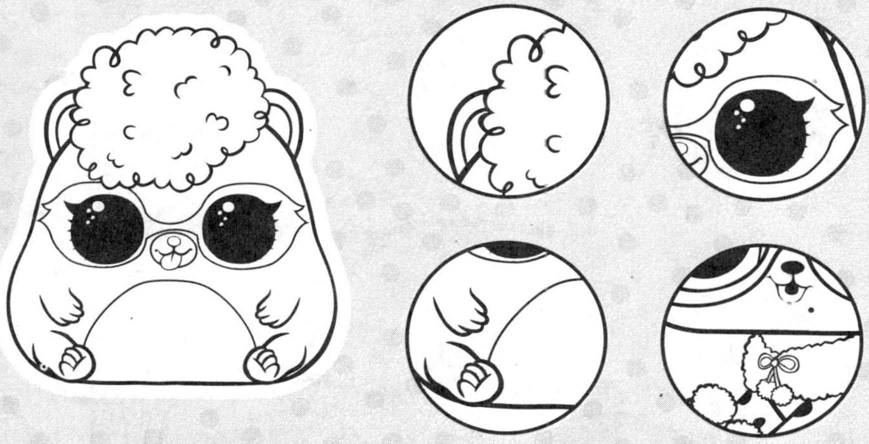

QUANDO O SOL ILUMINA O DIA, RIP TIDE NÃO PERDE A OPORTUNIDADE DE SE DIVERTIR!

RESPOSTA NA PÁGINA 290

PEARL SURPRISE

TREASURE, A MAIS PRECIOSA BONECA DO FUNDO DO MAR, VEIO SE DIVERTIR COM VOCÊ!

DESEMBARALHE AS CONCHAS E DESCUBRA O NOME DESTA BONECA. DEPOIS, ESCREVA-O ABAIXO.

E P

R C

S O

U I

RESPOSTA

____

COMPLETE A LIL PRECIOUS.

RESPOSTA NA PÁGINA 290

PEARL SURPRISE

CONTE E ESCREVA QUANTOS ITENS HÁ NESTE ESPAÇO DE ACORDO COM A LEGENDA.

RESPOSTA NA PÁGINA 290

DESENHE UMA L.O.L. SURPRISE! DO FUNDO DO MAR INSPIRADA EM VOCÊ!

PEARL SURPRISE

ENCONTRE E CIRCULE A ÚNICA CONCHA DIFERENTE DAS DEMAIS.

RESPOSTA NA PÁGINA 290

COMPLETE O DESENHO DA
LIL TREASURE AO LADO.

ENCONTRE E CIRCULE TODAS
AS LETRAS DO NOME "TREASURE".

M
R V E N
I E U
T
N P A S
J N R G

QUANTAS ESTRELAS APARECEM ABAIXO?
SELECIONE A OPÇÃO CORRETA.

20 18 19

RESPOSTA NA PÁGINA 290

LIGUE AS SÍLABAS E FORME NOMES DE ANIMAIS MARINHOS.

GOL	LEI	RÃO
TU	MA	NHO
BA	FI	RÃO
CA	BA	A

RESPOSTA NA PÁGINA 290

ENTRA NA ONDA, B.B.!

QUAL LIL 80S B.B. É IDÊNTICA À QUE ESTÁ EM DESTAQUE? ASSINALE A ALTERNATIVA CORRETA.

A

B

C

RESPOSTA NA PÁGINA 290

DARING DIVA QUER SABER QUAL É O CÍRCULO QUE APRESENTA A MAIOR QUANTIDADE DE MICROFONES. ASSIM QUE ENCONTRÁ-LO, CIRCULE-O.

A B

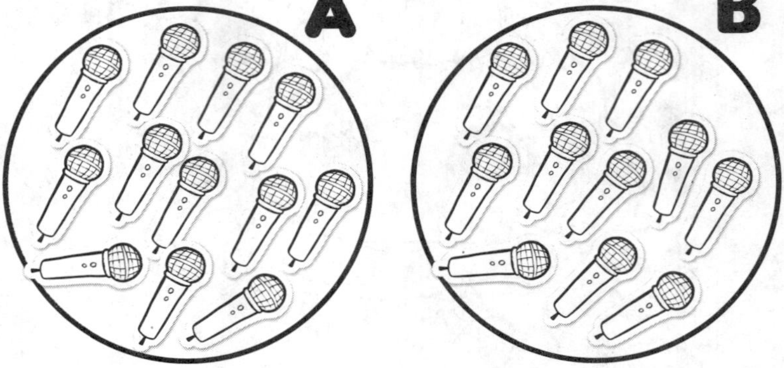

RESPOSTA NA PÁGINA 290

OS FÃS FORAM À LOUCURA! QUANTAS ESTRELAS E CORAÇÕES SE ESPALHARAM? CONTE E RESPONDA NO ESPAÇO INDICADO.

RESPOSTAS NA PÁGINA 290

OOPS BABY E LIL OOPS BABY ESTÃO PRONTAS PARA SOLTAR A VOZ!

LIL OOPS BABY NÃO PERDE UMA COREOGRAFIA AO LADO DE OOPS HAM.

OOPS BABY ESTÁ AQUECENDO A VOZ. VAMOS AJUDÁ-LA A ALCANÇAR TODOS OS TONS, CONDUZINDO A SUA VOZ ATÉ A SAÍDA DO LABIRINTO.

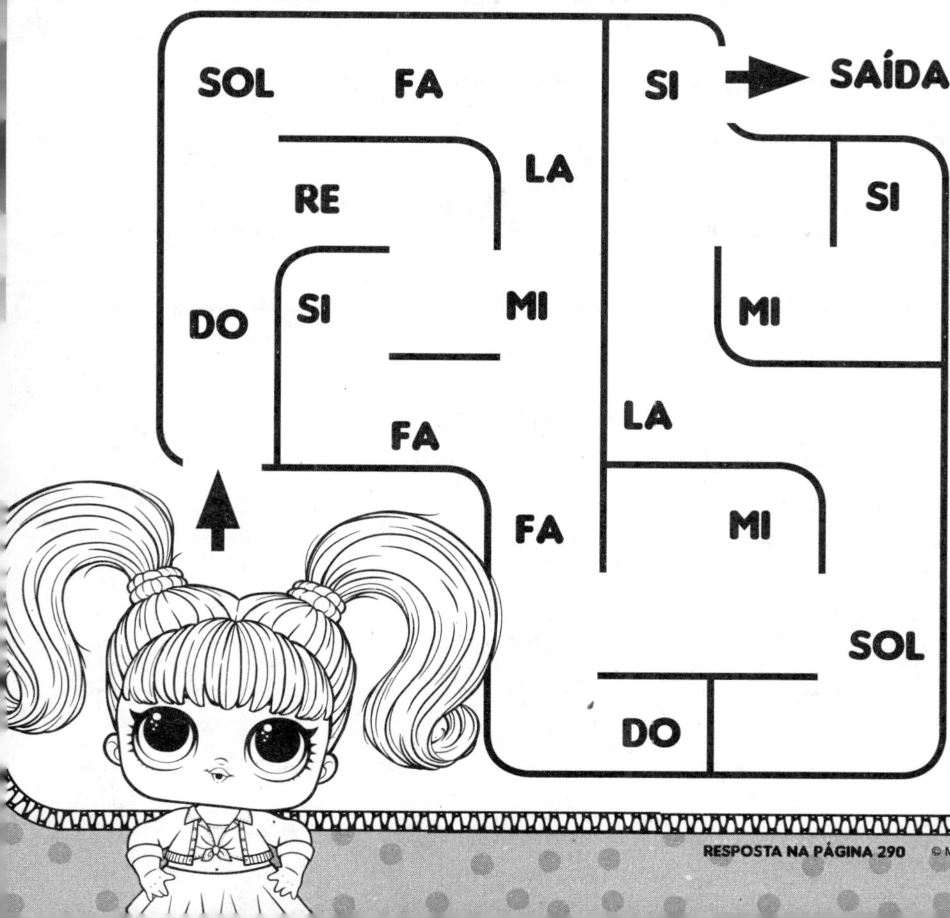

RESPOSTA NA PÁGINA 290

DESEMBARALHE AS LETRAS E DESCUBRA O NOME DE ALGUNS INSTRUMENTOS MUSICAIS.

OLVIÃO

UGIATRRA

APION

BETIARA

IVOLION

LFAUTA

RESPOSTAS NA PÁGINA 290

ESCREVA QUANTAS PALAVRAS
CONSEGUIR COM AS LETRAS DE

"EU AMO SER POP".

EXEMPLO: AMOR

DESENHE A OUTRA METADE DA **DARING DIVA!**

FIERCE PRECISA DA SUA AJUDA PARA ENCONTRAR A ÚNICA LIL DIFERENTE DAS OUTRAS. PINTE-A COM UMA COR DIFERENTE DAS DEMAIS.

A

B

C

D

RESPOSTA NA PÁGINA 290

SIGA AS DICAS E RESPONDA:
DE QUEM É A SOMBRA?

LETRA 1- QUARTA CONSOANTE DO ALFABETO
LETRA 2- TERCEIRA VOGAL
LETRA 3- SEGUNDA VOGAL
LETRA 4- INICIAL DA PALAVRA RATO.
LETRA 5- INICIAL DA PALAVRA CASA.
LETRA 6- A MESMA LETRA DA DICA 3.

RESPOSTA:

____

RESPOSTA NA PÁGINA 290

PINTE A OOPS BABY COM CAPRICHO!

SIGA O CAMINHO DO QUADRO **A** NO **B** E APRENDA UMA CARACTERÍSTICA IMPORTANTE QUE UMA CANTORA PROFISSIONAL PRECISA TER.

A

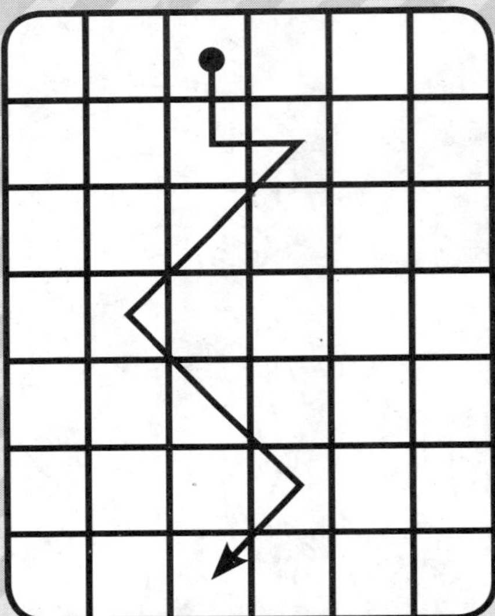

B

B	U	A	G	D	F
U	P	F	I	T	L
R	L	N	J	B	K
T	A	F	S	V	I
V	A	Ç	M	A	U
T	Ç	O	Ã	Q	Q
N	P	O	L	K	T

PINTE TODAS AS LETRAS QUE FORMAM A EXPRESSÃO "**POP CLUB**".

RESPOSTAS NA PÁGINA 290

AGORA É HORA DE CRIAR UMA BONECA L.O.L. SURPRISE INSPIRADA NESTE CLUBE. CAPRICHE!

AS BONECAS DO **GLEE CLUB** QUEREM SABER: QUAL DETALHE AMPLIADO NÃO APARECE NA ILUSTRAÇÃO?

DESVENDE O CÓDIGO E DESCUBRA O NOME DO PET DA **ROCKER**.

___ ___ ___ ___

___ ___ ___ ___ ___ ___

RESPOSTAS NA PÁGINA 290

COMPLETE A OUTRA METADE DA DIVA, ANTES QUE O SHOW COMECE.

ARRASE NO JOGO DA VELHA COM ESTAS AMIGAS!

PARA NÃO PERDER O RITMO, AJUDE A M.C. SWAG A NUMERAR O M.C. HAMMY, DO MENOR PARA O MAIOR.

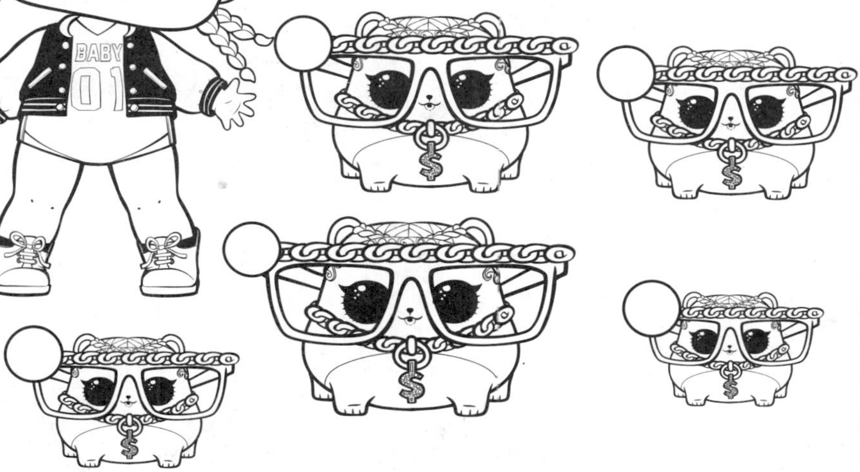

LIGUE CADA BONEQUINHA ÀS IRMÃS CORRESPONDENTES.

RESPOSTAS NA PÁGINA 290

QUAL DAS SOMBRAS NÃO CORRESPONDE AO RUFF ROCKER? CIRCULE-A QUANDO ENCONTRÁ-LA.

 RESPOSTA NA PÁGINA 290

PARA MANDAR BEM NO SOM, ASSINALE COM UM X AS GUITARRAS IDÊNTICAS.

RESPOSTA NA PÁGINA 290

GLEE CLUB

LEVE M.C. SWAG ATÉ SUA LIL, SEGUINDO O CAMINHO CORRETO PELO LABIRINTO.

ENCONTRE E CIRCULE A FIGURA IDÊNTICA AO DO M.C. HAMMY.

RESPOSTAS NA PÁGINA 290

CONTE E RESPONDA QUANTAS VEZES O NOME "DIVA" APARECE NA ESPIRAL.

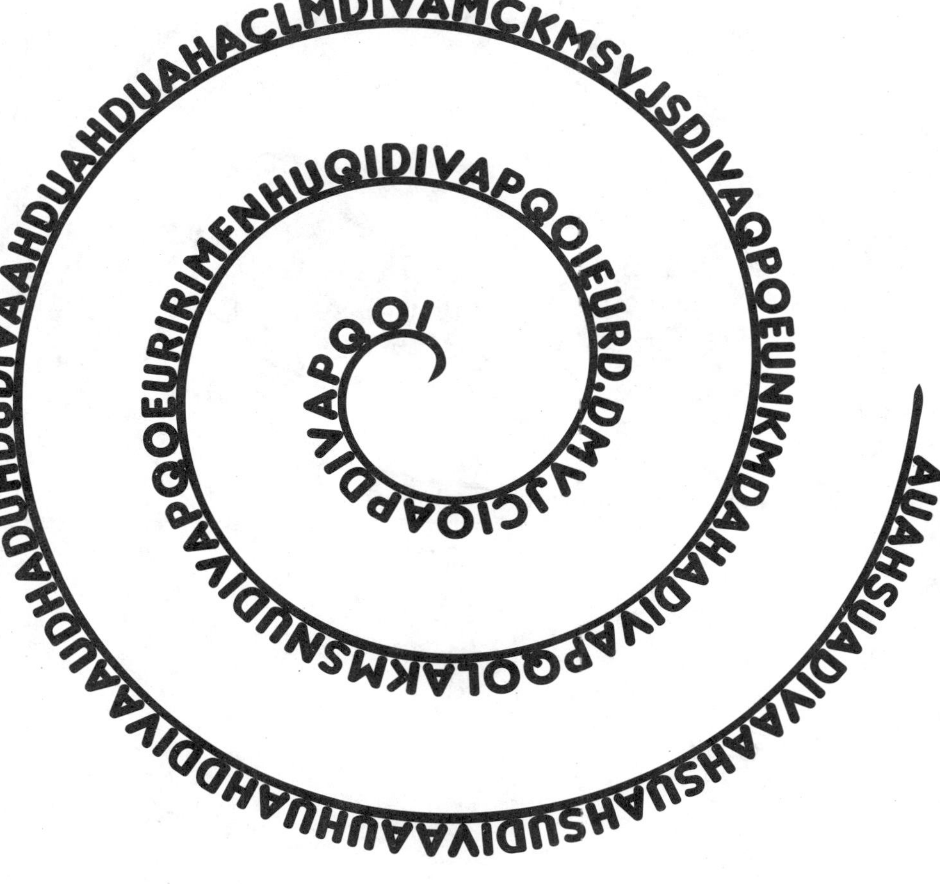

RESPOSTA: ____________________

AS BONECAS DO **GLAM CLUB** ESTÃO PRONTÍSSIMAS PARA ARRASAR! PARA COMEÇAR, VAMOS COLORIR A **LEADING BABY**?

LEADING BABY DEIXOU UM RECADO A UMA DAS BONECAS. SIGA O FIO PARA DESCOBRIR QUEM O RECEBEU.

RESPOSTA

BLACK TIE

MISS PUNK

RESPOSTAS NA PÁGINA 290

BLACK TIE TAMBÉM ESTÁ AQUI PARA MOSTRAR QUE VOCÊ PODE SER ÚNICA EM SEU ESTILO! USE SUAS CORES PREDILETAS PARA PINTÁ-LA.

ENCONTRE E CIRCULE NO QUADRO AS SEQUÊNCIAS IDÊNTICAS AO MODELO.

RESPOSTAS NA PÁGINA 290

GLAM CLUB

AS IF BABY PRECISA DA SUA AJUDA. CIRCULE A ÚNICA PALAVRA QUE NÃO PERTENCE AO CONJUNTO:

RÍMEL

BASE

BARBANTE

SOMBRA

BATOM

BRILHO

QUAL DOS FIOS LEVA SHOW BABY ATÉ LIL SHOW BABY?

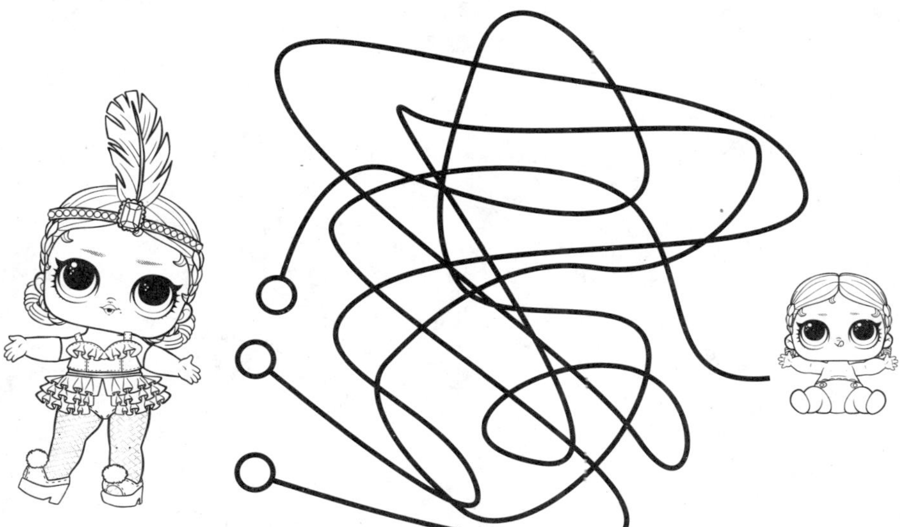

RESPOSTAS NA PÁGINA 290

ROYAL HIGH-NEY É A PRÓXIMA A CHEGAR, TRAZENDO O CHARME DA REALEZA ESTAMPADO EM SEU VISUAL! ELA ESTÁ ANSIOSA POR UM COLORIDO MUITO ESPECIAL!

FALANDO EM REALEZA, DESEMBARALHE AS LETRAS PARA DESCOBRIR A VERSÃO FEMININA DE ALGUNS TÍTULOS NOBRES.

CONDE
ESNADOCS

BARÃO
ASONEBRA

VISCONDE
ADSESOVNSIC

DUQUE
USADQEU

MARQUÊS
ASURQMEA

RESPOSTAS NA PÁGINA 290

AGORA, TODOS OS OLHOS ESTÃO VOLTADOS PARA A DELICADEZA DE **MISS BABY**. ESTA BONECA É PURO ENCANTO, NÃO É?

PINTE A **ROCKER** E SEU PET
COM CAPRICHO.

AJUDE MISS BABY A CHEGAR ATÉ DOLLFACE.

RESPOSTA NA PÁGINA 290

CIRCULE A SOMBRA IDÊNTICA À FIGURA DA **LIL MISS PUNK**.

MISS SKUNK PRECISA QUE VOCÊ CIRCULE AS VOGAIS DE SEU NOME QUE SE REPETEM ABAIXO.

I U O
A
U O I
A E
E U U
I
O I E A I

ENCONTRE E CIRCULE O ÚNICO DIAMANTE DIFERENTE.

RESPOSTA NA PÁGINA 290

OBSERVE A FOTO DE FLOWER CHILD E INDIQUE AS COORDENADAS DE CADA PARTE EM DESTAQUE.

1 2 3 4 5

A
B
C
D
E
F

2 – E

____

____

____

RESPOSTAS NA PÁGINA 290

JET SET Q.T. É
PURO GLAMOUR!

JÁ QUANDO
O ASSUNTO É
ELEGÂNCIA, **IT BABY** DOMINA
A CENA COMO
NINGUÉM!

GLAM CLUB

IT BABY TEM UM RECADO PARA VOCÊ! CORTE AS LETRAS X, Y E W E JUNTE AS QUE SOBRARAM PARA DESCOBRIR.

W X E W X Y W
X Y W X U W X
S W X Y W X Y
W X O W X Y W
X Y W X Y U X
O W X Y W X Y
W X G W X Y L
X A W X Y W X
Y W X Y M X Y
W O Y W X Y W
X Y W X Y U X
Y W X R W X Y

RESPOSTA NA PÁGINA 290

MISS PUNK É SINÔMINO DE ATITUDE E ESTILO. DEIXE ESTE VISUAL MAIS QUE IRADO!

RESPOSTAS

5 34

6

7 B

8 LIDERANÇA

9 CHEER CAPTAIN, TEACHER'S HOOT, LIL MAJORETTE, CHEER-RARA

10 CHEER CAPTAIN ESTÁ PRONTA PARA ANIMAR A TORCIDA.

13 HISTÓRIA

EQUIPE L.O.L. SURPRISE

20 × 2 – 8 × 3 + 4

20

EQUIPE ADVERSÁRIA

18 – 5 × 2 + 7

15

16 28

17 C AMERICANO

18 59 SURFER BABE, TOUCHDOWN, SPRINTS, COURT CHAMP

19 HOP HOP SPRINTS

21

9 + 3 = 12

10 – 6 = 4

7 – 4 = 3

6 × 2 = 12

9 ÷ 3 = 3

6 + 5 = 11

22 7, 3, 5, 2, 4, 8, 6, 1, 9

25 7 AZUL, 2 AMARELO, 8, 6 VERMELHO

9, 3 VERMELHO, 4 VERMELHO

23 5 VEZES

26 03:34, 03:05, 02:17, 02:12, 02:58

28 EU ARRASO NAS MANOBRAS!

30 POSH

31 HONEY BUN

1, 5, 3

32 ASBLINGSER

BRBLINGDIO

BALBLINGST

NGBLINGFDA

MNILFBLING

A) A ABELHA

34 GLITTER, SOL, ESTRELA, FOLHA, DIAMANTE, ROSA

35 C 15

36 19

A: 2

B: 1

C: 3

37 A–D, D–A, N–W, W–N

CLARO – ESCURO

DIA – NOITE

BARATO – CARO

SECO – MOLHADO

38 B

40 TARDES, ARANHA, PAIXÃO, PRESSA, CIENTE, FRENTE

41 ALEGRE, FRIO, ESCURO, ALTO, BONITO, SUJO

FEIO, QUENTE, CLARO, TRISTE, LIMPO, BAIXO

42 OS OPOSTOS SE ATRAEM

43 PUDIM, BOLO, SORVETE, MELANCIA

BATATA FRITA, PASTEL

44 LUA, SOL, FLOR, ESTRELAS

BANANA, MAÇÃ, PERA, UVA, CHOCOLATE

COMPUTADOR, CELULAR, TELEVISÃO, BICICLETA

LÁPIS, LIVRO, LOUSA, CADERNO, CAMA

46 RES PEI TO

CON FI AN ÇA

CA RI NHO

LE AL DA DE

47

3	4	9	4	1	0
5	8	4	5	0	9
7	5	3	0	5	7
9	6	9	2	9	2
6	9	4	3	8	8

49

B2	C3	B2	E2	A3	D1	C4	D1	A2
A	M	A	N	H	E	C	E	R

C4	A1	D1	B3	E4	D2	C2	A4	E1
C	R	E	P	Ú	S	C	U	L	O

50

53
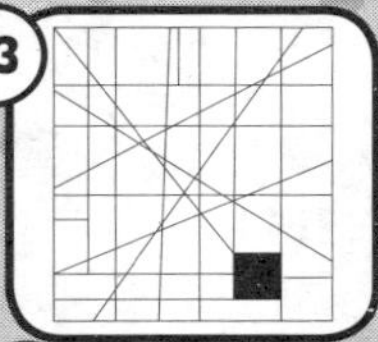

54
C SOUL BABE

55

56

57

27

59
MODA ESTILO RETRO **SORRISO**
ANTIGO VINTAGE VISUAL **ARMADILHA**
AMIZADE CARINHO RESPEITO **TRISTEZA**
BIJUTERIA ACESSÓRIO **CALOR** JOIA

62

65
ACIREUDIA
TEMNOESS
VEURSSVO
NCHOES!
ACREDITE NOS SEUS SONHOS!

66
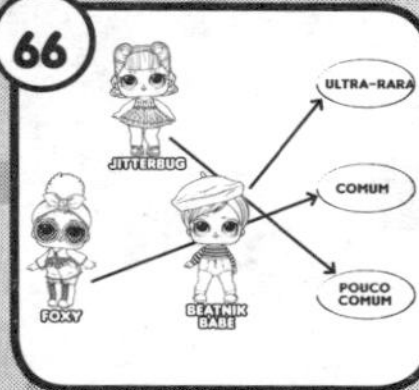

69
TFKB SEJA
VOJDB ÚNICA
IPKF HOJE
F E
TFNQSF! SEMPRE!

68

71

74

AVIO	–	NOVA	I
ARO	–	ROTA	T
3. COBRA	–	OBRA	C
4. PIANO	–	PINO	A
5. CADEIRA	–	CADEIA	R
6. LATA	–	LATIA	I
7. VILA	–	VIL	A
8. VOLTE	–	LOTE	V
9. SALVAR	–	LAVRA	S

RESPOSTA: 3 – 5 – 1 – 4 – 2 – 6 – 8 – 7 – 9
CRIATIVAS

76

				11
				4
				10
				13
11	7	10	10	

78
LUCKY LUXE

77
O P H P H O
H O P H O P

70

72

73
RESPOSTA:
3

82

[illegible]	77	41	18	22	79
11	47	65	21	35	41
53	98	71	20	24	37
10	42	39	15	6	41
34	30	70	5	14	52
24	27	41	63	66	72
12	8	73	54	83	3
9	33	39	48	31	78
17	43	46	91	93	90
22	38	35	25	96	49

79

GARFO

81
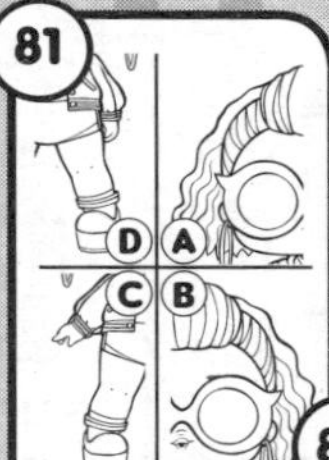

80
DIAMANTE
SAFIRA
TURQUESA
AMETISTA
ESMERALDA

85
35 + 16 = 51
28 – 14 = 14
37 + 22 = 59
6 × 6 = 36
28 ÷ 4 = 7
10 5 7 11

84
20 + 15 = 35
45 – 33 = 12
3 × 3 = 9
16 ÷ 2 = 8

86

89
VAMOS NOS DIVERTIR MUITO!

90
MERCÚRIO
VÊNUS
URANO
NETUNO

101
B

92
PACÍFICO

93

ESTRELAS
5
JAPÃO
KIMONO
OTAWA
SUSHI
JUDÔ
TÓQUIO

94
11 VEZES

96
B

97
B

99
10
19

100
VOCÊ É ÚNICA!

102
COSMICQUEEN
BLINGQUEEN
BOSSQUEEN
QUEENBEE

103
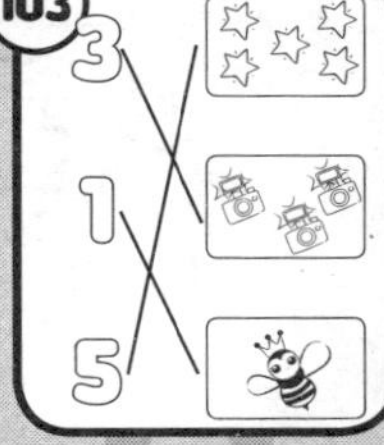

105 CRYSTAL BUNNY

107 SUGAR QUEEN

109 B

110 4

111
- ① SPLASH QUEEN
- ③ PUP BEE
- ② KITTY QUEEN
- ③ QUEEN BEE
- ② KITTY KITTY
- ① SPLASH MEOW-MAID

113

115

116

118

120

9	2	7
4	6	8
5	10	3

122

124
- 10
- 1
- 30
- 40

126

128 DUNK

129

UMA DÚZIA DE CANETAS = DOZE CANETAS

O TEMPO QUE SE LEVA PARA COZINHAR UM OVO ≠ O TEMPO QUE SE LEVA PARA ASSAR UM BOLO

A DISTÂNCIA ENTRE A TERRA E A LUA ≠ A DISTÂNCIA ENTRE A TERRA E O SOL

ESTAR CONTENTE = ESTAR ALEGRE

METADE DE UMA PIZZA = ◑ DE UMA PIZZA

O VALOR DE UM CARRO ≠ O VALOR DE UM CADERNO

127

H	Á	L	I	T	O
P	I	S	C	A	R
P	A	P	E	A	R
C	A	C	H	O	S
F	E	R	F	O	R
P	H	I	L	I	P

130

134 UNIPONY

139
1 – O TALHER.
2 – A PONTE
3 – A LETRA "U".
4 – NADA.

141

MAS, TURISTAS, DANÇARINAS, MÚSICA, ESTRELAS, FLORES, COCOS, FOGUEIRA

144 ANGORÁ

146 ANGEL WINGS

147

142

149

L → M, M → A, A → H, O → A, A → L, H → O

DANCE COMO SE NINGUÉM ESTIVESSE OLHANDO

148 C) A JARRA

150

CONHECIMENTO – SABEDORIA
PROBLEMA – REVÉS
BRAVO – FURIOSO
INTELIGENTE – ASTUTO
DEDICADO – APLICADO

151 AMIZADE

154

66	32	50	12	42
25	75	99	85	53
17	40	39	67	55
73	93	84	20	58
29	18	62	38	91

155 TINZ

156

164 ESCOVAR OS DENTES

159

158

162

TERROR, TRAVESSEIROS, SEGREDOS, FILME, PIPOCA

163 11

165

166

167

169

CACHECOL
LUVAS
TOUCA
JAQUETA
CALÇAS
MEIAS

170

...AS DAS ÁRVORES ...OS DIAS SÃO MAIS ...ESCOS E AS FRUTAS FICAM DELICIOSAS! — VERÃO

A TEMPERATURA FICA BAIXA, HÁ NEVE EM ALGUMAS PARTES DO MUNDO E AS NOITES FICAM MAIS LONGAS QUE OS DIAS. — PRIMAVERA

É CONHECIDA COMO "ESTAÇÃO DAS FLORES". A TEMPERATURA FICA AGRADÁVEL E PODEM-SE OBSERVAR LINDAS PAISAGENS! — INVERNO

O CALOR É INTENSO E OS DIAS SÃO MAIS LONGOS. PERFEITOS PARA CURTIR A PRAIA! — OUTONO

171 10

172

175 SNOW BUNNY

176 B

177

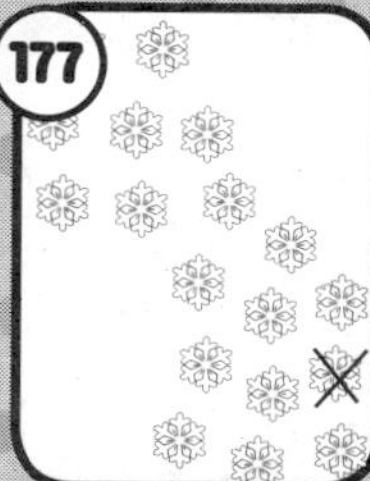

178

8

A L A G I Y N O V D T J H F U N Y L R C P N V B R U L P

179

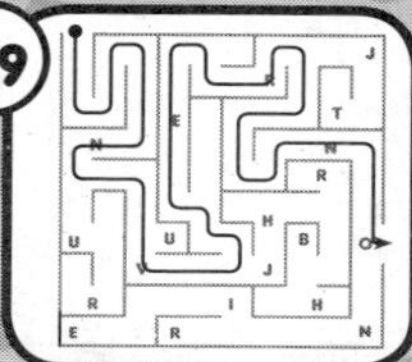

180

❄ + 💡 + ☆ = 10

❄ = 5 💡 = 3 ☆ = 2

182

1. A
2. CA
3. OCA
4. FOCA

183 B) O QUARTO

C E N V O I R N

184 69

185

4 — 3 — 6

188

H	F	F	R	C	R	T	E			
Y	L	U	S	A	B	C	R			
R	A	M	Y	A	A	I	É	A	M	U
Q	M	H	M	Z	M	O	Y	C	D	T
A	E	O	J	Q	U	B	Q	D	I	A
N	N	P	E	K	A	J	A	T	A	N
É	C	Q	V	U	B	A	L	É	W	G
K	O	A	E	W	V	Z	C	I	P	O
I	N	C	I	Q	Y	Z	V	P	C	P
O	S	A	L	S	A	R	A	L	M	O
P	U	O	D	A	E	T	A	P	A	S

JAZZ
SALSA
BALÉ
TANGO
FLAMENCO
FUNK
SAPATEADO

189

190

193

JETÉ
TENDU
ADAGIO
PLIÉ

194

195 23

196 NÃO SEJA UM QUADRADO

200

202 60

203

205 30

206

3–C 1–B
4–E 5–C

207

A

J N U V R Y N L C D G E H W N C B F U S U

209

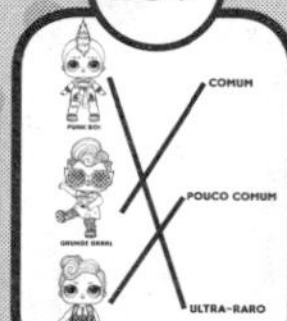

210

211

212

214

215

4–F 5–C
3–D 2–B

CHEEKY BABE

218

L T Y J N U A V H S T J S P H C Y R E O S

219

A M A N H Ã!
1 3 1 4 2 1

222 POUCO COMUM

225 PURRFECT SHAPS

226 B

227

SCRIBBLES
POP HEART
SHAPES
SPLATTERS

229

230

G S V B F E I N R M C Y J E U X L A N H S

232 FÉRIAS

234

236

MEIA-CALÇA
LUVAS
SAPATO
PROTETOR SOLAR
ÓCULOS DE SOL

242

12 17 16

241

PRECIOUS

239

238

PEIXE
LIVRE
BORBOLETA
COSTAS

237

SOBRARAM: 21

244

245

R V E M
N
E U
I E U
A S T
P
J N R G

246

19

247

GOLFINHO
TUBARÃO
BALEIA
CAMARÃO

GOL	LEI	RÃO
TU	MA	NHO
BA	FI	RÃO
CA	BA	A

249

A

250

A

253

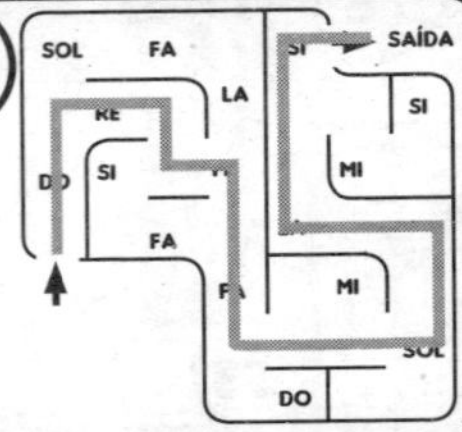

251

16 25

257

B

254

VIOLÃO
GUITARRA
PIANO
BATERIA
VIOLINO
FLAUTA

266

260

AFINAÇÃO

F Y U
H A G
U H T O V
K J P J P
C E N L B H R

258

FIERCE

267

262

RUFF ROCKER

265

269

10

271

RESPOSTA
BLACK TIE

268

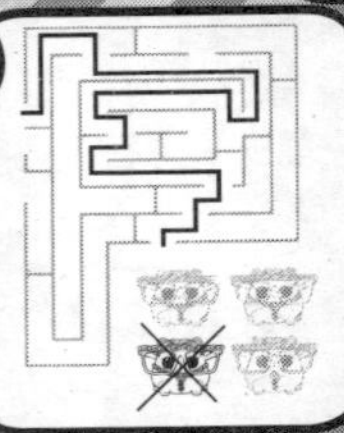

275

CONDE
ESNADOCS
CONDESSA

BARÃO
ASONEBRA
BARONESA

DUQUE
USADQEU
DUQUESA

MARQUÊS
ASURQMEA
MARQUESA

VISCONDE
ADSESOVNSIC
VISCONDESSA

272

273

BARBANTE

279

B

U O
I A O
U I
A E U
E U I
O I E A I

281

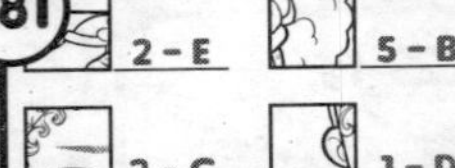

2 – E
5 – B
2 – C
1 – D

278

280

284

EU SOU O GLAM OUR